KB068458

어른을
위한

인생 수업

하버드대
심리학 박사가
들려주는
행복한 삶을 위한
50가지 가르침

어른을 위한

인생 수업

류쉬안 지음 김소희 옮김

RHK
알에이치코리아

차례 ✦

1장 ◇   *Rediscover*

삶의 상처는 곧 새 삶의 출구다

4장 ◇   *Relationship*

더 나은 관계는 나로부터 시작한다

5장 ◇   *Reboot*

진정한 행복을 위해 기억해야 할 것

한국 독자들에게

이 책의 한국어판 서문을 쓸 수 있게 되어 무척이나 영광이다. 열 권이 넘는 지난 나의 저서 중 가장 모자람 없이 번역된 것이 바로 한국어판이었다. 전에 DJ(나의 부캐)로 활동하러 갔던 두 번을 포함해 서울로 몇 번 출장을 간 적이 있다. 그때마다 잊지 못할 만큼 극진한 대접을 받았다. 아마도 난 한국 문화, 그리고 한국 사람들과 상당한 인연이 있는 것 같다.

이 책은 작년에 대만에서 출간되었다. 코로나19가 전 세계를 휩쓴 지 이미 1년이 지난 시점이었다. 당시만 해도 나는 조금의 희망을 품고 있었다. 모든 게 곧 좋아질 거라고 믿었다. 하지만 우리는 여전히 오르내리기를 반복하고 있다. 바이러스는 우리와 숨바꼭질을 하고 있는 듯하다. 조금 전까지 이곳을 휩쓸다가 어느 순간 또 모습을 바꿔 저곳에서 불쑥 나타난다.

그러나 우리는 포스트 코로나 시대로 들어섰다. 이 불청객 앞에서 이제 이것이 사라지지 않는다는 사실을 받아들일 수밖에 없다. 하지만 나는 우연히 일어나는 일은 없다고 믿는다. 바이러스의 출현은 우리 인류가 일삼은 오만방자한 발전과 어느 정도는 절대적인 인과 관계가 있다. 언젠가 인터넷에서 마음에 드는 글을 보았다.

"코로나는, 지구라는 모친이 우리라는 아이에게 방으로 돌아가 벽을 보고 반성하라고, 무슨 일을 저질렀는지 생각해 보라고 명령하고 있는 것인지도 모릅니다."

이 모든 것이 지나간 후, 우리가 자기 자신을 새롭게 점검하지 않고 자신의 인생을 새롭게 평가하지 않는다면, 그저 과거의 업무 패턴과 소위 '일상'으로만 서둘러 돌아가는 격이 될 것이다. 그렇다면 정말 부끄러울 것 같다.

이 책을 탈고할 때, 황동혁 감독의 「오징어 게임」이 전 세계적으로 인기를 끌면서 한국이 큰 주목을 받았다. 나도 이 작품을 무척 좋아한다. 간혹 일각에서는 작품의 폭력성을 비판하지만 나는 동의하지 않는다. 작품 속에서의 죽음은 각각 상징하는 바가 있고 살아남은 자의 이유 또한 내포하는 의미가 있다고 보기 때문이다. '456번'이 살아남은 건, 그에게는 천성적으로 낙관적인 면이 있고 '선善'에 대한 일말의 믿음이 있었기 때문이라고 생각한다.「오징어 게임」은 결국 긍정적인 드라마인 것이다. 만약 이것이 내가 천성적으로 낙관주의자이기 때문에 나온 생각이라고 한다면, 그럼 그렇다고 하자! 하지만이 말을 덧붙이고 싶다. 낙관을 선택하는 이유는 현실을 보지 못하거나 받아들일 수 없어서가 아니라 참혹한 현실을 마주해야 하기 때문이다. 결국 우리는 더 '사람'답게 살고 싶으니까. 낙관은 이 책에 담긴 정신을 관통한다.

이 책을 알아봐 준 알에이치코리아 출판사에 감사드린다. 협조해준 대만 suncolor三采文化 출판사에도 감사하다. 그리고 역자 김소희씨께 특히나 감사의 말을 전한다. 여러 번 나에게 먼저 연락을 취해본문 내용의 여러 세부 사항을 확인하는 작업을 거쳤다. 멋진 직업정신에 감동받았다.

마지막으로 이 책을 손에 든 독자에게 감사의 말을 전한다. 이 부족한 책이 당신의 하루에 약간의 정감과 새로운 지식, 그리고 조금의 긍정적 에너지를 주어 당신의 하루가 조금이나마 행복해졌으면 좋겠다.

오늘 타이베이의 저녁 하늘은 구름이 장관이다. 우리는 모두 맑은

날을 좋아하지만, 저녁노을은 구름이 있기에 시처럼 더 웅장하고 아름답다. 하늘을 바라보며, 이 은혜로운 축복을 당신에게 바친다. 머나먼 한국 땅에 있는 당신도 함께 느낄 수 있기를.

류쉬안

난데없이 들이닥친
평행 우주에게

2021년 설날, 타이베이의 강력한 한파와 끝없이 내리는 비에 답답해져서 가족들과 함께 불현듯 남부로 떠났다. 고속 열차 자유석을 타고 2시간 남짓을 달려 쭤잉左營(가오슝시高雄市의 시할구)에 도착했다. 가오슝은 의외로 날이 맑았고 기후는 딱 좋았다. 우리는 얼른 외투를 벗어 가방에 구겨 넣었다. 아내와 아이들은 빙긋 웃었다.

나는 쭤잉에 사는 친구에게 연락했다. 친구가 가족들을 데리고 나와서 몇 년 만에 친구네 두 아이를 보았다. 지난번에 만났을 때만 해도 꼬맹이였는데 중학생이 된 큰딸은 어느새 늘씬하게 컸고 작은딸은 활달한 데다가 귀엽고 똘똘해서 아들 촨촨과 죽이 잘 맞았다. 우리는 배를 타고 치진 섬으로 향했고 산책하다 출출해져 해변가의 식당으로 갔다. 야외석에 앉아 석양과 음악, 아름다운 풍경을 감상했다.

　나는 기억하고 있었다. 작년 한 해가 친구에게는 얼마나 참담한 해였는지. 대만에서 20년 넘게 살았던 친구는 아내와 아이들을 데리고 미국으로 떠날 계획이었다. 집과 차를 팔고 일을 그만두는 등 만반의 준비를 했다. 그러던 찰나, 코로나19의 기습에 모든 계획은 물거품이 되었다. 결국 대만에 남아 있기로 했지만 절반의 살림살이는 이미 배를 타고 바다를 건너가 버렸다.
　그뿐만이 아니었다. 어느 날 집에서 딸과 놀아 주던 친구는 갑자기 눈의 흰자위를 드러내며 경련을 하다 쓰러졌다. 다행히 집에 함께 있던 아내가 인공호흡을 하고 곧바로 구급차를 불렀다. 그리고 뇌경색 진단을 받았다. 영구적인 손상을 입지 않은 것이 그나마 불행 중 다행이었지만, 다시 만난 친구는 예전보다 느릿느릿한 모습이었다.
　커피를 마시며 친구는 말했다.

　"이 뇌라는 건 정말 신기한 기관이야! 뇌경색으로 쓰러졌던 그때의 기억이 하나도 없다니까. 조금 전까지 딸이랑 바둑을 두고 있었는데, 다음 순간 갑자기 바닥에 누워서 의료진만 쳐다보고 있었어. 갑자기 또 다른 평행 우주로 바뀌어 버린 느낌이랄까. 혹시 알아? 다른 평행 우주에서는 내가 계속 딸과 바둑을 두고 있을지?"

2020년 한 해는 정말이지 어떤 평행 우주로 진입한 기분이었다. 매일 뉴스를 보면서도 믿을 수가 없었다. 어릴 적부터 20년을 넘게 살았던 뉴욕은 한순간에 텅 빈 도시가 되었다. 5번가 상점들의 문에는 나무판이 박혔다. 타임스퀘어의 LED 전광판은 여전히 번쩍이고 있었지만, 길가에는 한두 명의 행인들만이 목을 움츠린 채 빠른 걸음으로 지나가곤 했다.

평소 통제 욕구를 강하게 갖고 있던 사람이라면 지난 한 해가 무척 힘들었을 것이다. 모든 것이 미지의 언저리에 놓여 언제든 통제력을 잃을 수 있는 상황이었기 때문이다.

통제란, 우리가 통제 가능하며 의식적으로 행하는 모든 결정이다. 우리가 날씨를 통제할 수 있을까? 불가능하다. 나는 20일 넘게 비가 내리고 추위에 덜덜 떨어야 하는 타이베이에 계속 머무를 수도 있고, 온 가족을 데리고 비가 내리지 않는 가오슝으로 넘어갈 수도 있다. 오로지 나의 선택만이 내가 통제할 수 있는 것이다.

타이베이로 다시 돌아갔는데 계속 장마가 이어져도 나는 나에게 선택권이 있다는 사실을 안다. 그 사실을 아는 것만으로도 나의 감정은 날씨의 영향을 덜 받을 것이다.

선택권이 있다는 것은 자유와 같고, 자유는 사람을 즐겁게 한다. 우리가 열심히 일해서 돈을 버는 것도 미래에 더 많은 선택권을 갖기 위해서가 아닐까?

하지만 아쉽게도 그렇게 살지 않는 사람들이 많다. 좋은 조건을 갖추고도 아무 조건도 갖추지 못한 것처럼 살거나, 열심히 만든 황금 새장을 손에 쥐고 우울해하기도 한다. 불만 가득한 모습과 스스로 감정의 노예가 된 모습을 마주하고 있다 보면 그들의 머릿속이 강한 폭풍우가 몰아치는 평행 우주 상태라는 걸 알 수 있다.

내면의 만족과 평안을 얻고 싶다면 내가 통제할 수 있는 것과 통제할 수 없는 것을 바로 보아야 하고, 나의 선택권을 제대로 활용할 줄 알아야 한다. 그날 나는 치진 섬의 해변가에 앉아 구름 한 점 없는 하늘을 바라보면서 나에게 이런 자유가 있음에, 행동으로 이 행복을 취할 수 있음에 감사했다. 친구 또한 다행이라고 했다. 비록 자신이 생각했던 평행 우주의 모습은 아니지만, 그래도 날이 좋으니 그걸로 됐다고.

우리의 감정은 날씨처럼 매일 변한다. 때론 불안정하지만 오래 지속되지 않는다. 구름이 너무 많으면 햇볕을 쬐고 싶어지고, 햇볕이 너무 뜨거우면 그늘을 찾고 싶어지는 것처럼 감정은 어떻게 행동해야 할지 알려 주는 일종의 신호 같은 것이다. 항상 우리의 감정에 귀를 기울여야 함은 분명하지만, 나와 감정은 별개라는 사실 또한 잊어서는 안 된다.

하버드대의 뇌신경 과학자 질 볼트 테일러Jill Bolte Taylor 박사의 말에 따르면 90초 동안 나의 감정에 주의를 기울이고 인식하는 것만으로도 그 감정은 자동으로 사라진다고 한다. 화가 나거나 불쾌감이 느껴질 때, 나의 감정을 90초 동안 가만히 바라보고 인식하면 뇌의 편도체가 안정을 찾으면서 분노의 폭발을 막고 감정 회복에 도움을 줄 수 있다.

우리에게는 언제나 선택의 여지가 있다. 의식이란 감정이 일어나는 무대이며, 언제나 감정보다 한 층 위에 있다는 것을 인지한다면 감정 자체를 태연하게 바라볼 수 있다. 즉 하늘에는 언제나 구름이 뜨기 마련이고 우리는 곧 하늘인 것이다.

이 책은 다양한 이야기를 담고 있지만, 핵심 이념은 바로 '선택권'이다. 스트레스가 심해서 가슴이 답답하거나 일이 뜻대로 풀리지 않을 때, 벽을 때리며 소리 지르기보다는 뒤로 한 발 물러서서 심호흡을 한번 해보자. 그리고 대상의 본질을 바라보다 보면 모든 감정이 지나가 버린다는 걸 알게 된다.

감정을 인식하고 난 후에는 행동으로 이어 가보자! 나를 둘러싼 풍경을 바꾸고 관점을 전환시켜 본다. 작은 실천으로 삶을 조금씩 조정하면서 무슨 일이 일어나는지 다시 한번 살펴보자.

어쩌면 오랜 친구를 만나 해변가의 식당에서 옛이야기를 나누다가

모래사장 위를 뛰노는 아이들을 바라보며 마음속으로 이런 생각을
할 수도 있겠다.

'이 평행 우주도 그럭저럭 받아들일 만하다'라고.

류쉬안

Rediscover

삶의 기복은 사실 그렇게 두려운 것이 아니다.

무슨 일이든 처음이 어렵다. 중요한 건 첫발을 내딛는 것이다.

자신의 약점을 이해하고 받아들이자.

문제의 인식이 곧 변화의 시작이며, 삶을 헤쳐 나갈 수 있는 기회다.

1장

삶의 상처는
곧 새 삶의 출구다

상처를 바라보는
관점을 바꿔라

벌어진 틈을 용감하게 파내다 보면
상처 안에 숨겨진 커다란 힘을 발견할 것이다.

'난 이제 안 될 것 같아. 달라질 수 있는 기회가 아직도 있을까?'라고 생각하는 사람 중 대부분은 사실 스스로 답을 이미 알고 있다. 그들은 달라지고 싶다. 다만 확신이 조금 부족할 뿐이다.

이런 사람들을 위해 지금부터 아주 불가사의한 실화 하나를 들려주려고 한다.

1955년, 태국 방콕에서 도시 보수로 사원을 옮기던 때의 일이다. '왓 트라이밋Wat Traimit'이라는 사원 안에는 석회 반죽으로 된 거대한 불상이 있었다. 키는 무려 4미터, 너비는 3미터에 달하는 좌불상이었는데 오랫동안 얇은 철판 지붕 아래에 놓여 있어 보관 상태가 좋지 않았다. 옮기려면 엄청난 힘이 필요해 보였다.

아니나 다를까, 일꾼들이 불상을 들어 올리는 순간, 표면이 갈라지기 시작했다. 사원의 주지승은 불상이 더 손상될까 두려워 작업을 중단시켰다.

그날 밤, 비가 아주 많이 내렸다. 주지승은 잠이 오지 않아 손전등을 들고 나가 불상을 살펴보았다. 불상 표면의 틈새는 갈라지고 있었고 석회 반죽 덩어리까지 떨어져 내렸다. 불상 내부를 조금 더 살펴보던 주지승은 갑자기 깜짝 놀라며 주저앉았다. 그러고는 벌떡 일어나서 방으로 달려가 다른 승려들을 깨웠다.

승려들은 손전등과 도구를 손에 쥐고 한밤중에 달려 나왔다. 주지승의 지도 아래, 승려들은 경을 읽으며 불상의 틈을 따라 시공을 시작했다. 보수가 아니었다. 오랜 기간 불상을 감싸고 있던 것을 조심스럽게 파내는 작업이었다.

시공을 마친 승려들은 불상 주위를 에워싸고 연신 경배를 올렸다. 감동을 주체할 수가 없었다. 얼룩덜룩하고 낡은 석회 반죽 속에 감춰져 있던 것은 다름 아닌 황금 불상이었던 것이다!

태국의 3대 국보 중 하나이자 세계에서 가장 큰 황금 불상은 이렇게 발견되었다. 불상은 무게가 무려 5.5톤에 달한다. 몸은 순도 40퍼센트, 이마는 순도 80퍼센트, 머리와 상투 부분은 순도 99퍼센트의 황금으로 이루어져 있다. 오늘날의 금값으로 계산하면 대만 달러로 최소 75억 원(한화로 약 3,000~3,200억 원이다-옮긴이)에 이른다. 불상은 13~14세기 수코타이 왕조 시대에 만들어진 것으로 추정된다. 언제 석회 반죽으로 뒤덮이게 되었는지는 확실하지 않지만, 이런 상태로 최소 200년을 지나온 것이다. 1767년 미얀마의 침공과 불상 파괴를 피해 몇 번을 옮겼지만, 이 진귀한 참모습을 발견한 사람은 아무도 없었다.

주지승은 석회 반죽 조각 사이에서 특수 제작된 열쇠 하나를 발견한다. 열쇠를 이용해 불상을 9등분 할 수 있었는데, 이것은 아마도 이동을 편하게 하려고 만든 것으로 보인다. 불상의 제작자가 얼마나 꼼꼼하게 제작했는지 알 수 있다.

하지만 도대체 누가, 또 무엇 때문에 이 귀한 보물을 감춰 놓았던 걸까? 역사적으로는 그 어떠한 기록도 찾을 수가 없다(현 미얀마인 버마군이 침공했을 당시 이들은 왕국의 힘이 사원, 불상에서 나온다고 믿어 모두 파괴했다. 수코타이 왕조 시대 왕실 전용 사원이었던 '왓 마하탓Wat Mahathat' 승려들이 불상을 지킬 방법을 고민하다가 황금 불상을 석회로 뒤덮어 점토 불상으로 바꾼 것으로 추정되기도 한다-옮긴이). 마치 영화 속 이야기 같다.

나는 이 이야기가 무척 마음에 들었다. 마치 우리가 상처를 입고 난 후 나를 다시 발견해 가는 과정과 비슷해 보이지 않는가?

우리의 '참나'는 어디로 갔는가

✦

한때 우리에게는 소중하게 대우받을 가치가 있는 '참나真我'가 있었다. 마치 어머니가 아기를 바라보면 흐뭇한 미소가 흘러나오는 것처럼, 우리가 초심을 지키고 참나를 받아들이면 생각과 언행이 일치하며 빛이 난다.

하지만 우리는 나이가 들면서 스스로를 보호하고 또 무리 속에 들어가기 위해 참나의 투명한 몸체 위로 보호색을 한 층 또 한 층 덧바른다. 그렇게 평범하고 특별한 것 없는 내가 된다. 우리는 침묵하는 법과 억지로 웃는 법을 배우고, 다른 사람과 똑같은 차림을 하고 똑같은 가십거리를 나눈다. 시간이 흐르면서 나의 본래 모습을 점차 잊어버린다.

점토로 뒤덮인 내 모습은 곧 나 자신이 되어 버린다. 그것을 지키느라 그 뒤에 더 강인하고 빛나는 본질이 있다는 것을 잊어버린다. 그렇다면 '진짜 나'를 어떻게 찾아낼 수 있을까?

때때로 이런 순간이 있다. 어쩔 수 없이 좌절을 마주해야 할 때, 안전지대를 벗어나야만 할 때, 수없이 넘어질 때. 바로 이때, 나의 상처를 자세히 관찰하는 것이다.

그렇다. 우리는 살아오면서 많은 상처를 입었다. 어쩌면 앞으로 영원히 상처를 안고 가야 할지도 모른다. 하지만 이 불운을 나 자신을 알아 가는 기회로 볼 수 있다면 그 틈 안에 숨겨진 새로운 힘이 보일지도 모른다. 자아가 무너짐을 인지하고 안정된 상태가 흔들리기 시작하면, 다른 사람이 보게 될 나의 약한 모습을 감출 수 없다. 하지만 우리는 여전히 살아 있다. 지구도 나를 따라 멈추지 않고 쉼 없이 돌아간다. 순간 짐이 덜어지고 가벼워짐을 느낀다. 이건 마치 물에 빠져 발버둥을 포기할 때쯤 숨을 크게 한 번 들이켜니 내가 양서류였다는 사실을 발견하는 것과 같은 느낌이다.

긍정적인 변화를 일으키는 2가지 마음

✦

심리학에서는 이것을 '외상 후 성장Post-traumatic Growth'이라고 부른다. 삶의 격변을 경험하고 나면 오히려 더욱 강인해진다는 것이다. 이렇게 긍정적인 변화를 만드는 데 중요한 작용을 하는 것이 2가지가 있다.

첫째, 감사하는 마음이다. 감사하는 마음을 연습하면(예컨대 평소에 감사 일기를 쓴다면) 불행을 은혜로운 일로 재해석하는 데 도움이 된다.

둘째, 믿음이다. 여기서 믿음이란 반드시 종교적인 믿음이 아니라 자신에 대한 신념을 말한다. 내가 이 세상에 존재하는 것에는 계획과 목적이 있다는 사실을 믿는 것이다. 그 목적이 무엇인지는 몰라도 괜

찮다. 그 사실을 믿는 것만으로도 목적을 계속해서 찾게 되고 그것은 곧 나를 변화시키는 계기가 될 것이다.

불교학에 유명한 말이 있다. '심생즉종종법생心生則種種法生이고, 심멸즉종종법멸心滅則種種法滅이라(마음이 생하는 즉시 온갖 법이 생기고, 마음이 멸하는 즉시 온갖 법이 멸한다는 뜻으로 원효대사가 남긴 가르침이다-옮긴이).' 즉 모든 것은 마음에서 비롯된다. 우리의 마음은 외부 세계를 변화시키고 또 나의 외적 자아를 변화시킨다. 벌어진 틈을 용감하게 파내다 보면 나의 상처 안에 숨겨진 커다란 힘을 발견할 것이다.

당신을 위해 마음 안에 남겨 둔 그 열쇠를 찾을 수 있기를.

보통날을
소중히 하라

언젠가는 우리 모두 이 세상을 떠날 것이기에
우리는 매 순간을, 모든 만남을,
지극히 평범한 모든 보통날을 더욱 소중히 해야 한다.

맑고 상쾌한 어느 가을 아침이었다. 대학 교정 근처의 식당에서 아침을 먹고 있는데 창문 옆으로 누군가 후다닥 달려가는 것이 보였다. 그는 빠른 걸음으로 방향을 틀더니 식당으로 뛰어 들어왔다. 식당 사장에게 뭐라고 이야기를 하니 사장님이 "오, 세상에!" 하고 소리를 질렀다.

뭔 일이 있구나 싶었다. 커피를 사는 척 카운터로 가서 귀를 기울여 보는데 사장님이 말했다.

"커피 그냥 가져가세요, 오늘은 안 팝니다!"

"무슨 일이에요?"

"방금 친구가 와서 그러는데 비행기 두 대가 뉴욕 세계무역센터를 들이받았대요!"

나는 사장님과 함께 맞은편 학생회관으로 달려갔다. 그곳엔 벽걸이 텔레비전이 있었다. 사람들이 그 앞을 잔뜩 에워싸고 있는 것이 보였다. 가까이 다가갈 때쯤 사람들 입에서 비명이 터져 나왔다. 브라운관 속에는 본래 두 동이었던 세계무역센터가 한 동만 덩그러니 남아 있었다.

그때 갑자기 대학 동창이었던 리처드가 그곳에서 일을 하고 있다는 사실이 떠올랐다. 휴대폰을 꺼내는데 옆에 있던 사람이 말했다.

"전화선이 모두 끊겨서 전화가 안 돼요!"

학생회관을 뛰쳐나가다가 마침 같은 대학에 재학 중인 리처드의 동생을 마주쳤다. 키가 190센티미터나 되는 장정이 나를 끌어안고 흐느껴 울었다.

나는 숙소로 돌아와 1시간가량 뉴스를 보았다. 손에는 아까 가져온 커피가 아직도 들려 있었다. 커피는 식었고, 손은 굳었다.

그 후, 나는 부랴부랴 뉴욕으로 갔다. 맨해튼에 임시로 만들어진 가정 지원 센터에서 자원봉사자로 일할 수 있는 기회가 있었다. 그곳은 3600평(약 12,000제곱미터를 말한다－옮긴이)에 이르는 개방된 공간에 60여 개의 자리를 마련해 놓고 피해자의 친족이 경제적인 지원을 신청하거나 심리 상담을 받을 수 있도록 전문적으로 돕고 있었다.

삶의 상처는 곧 새 삶의 출구다

센터에 들어서자 커다란 게시판이 보였다. 그 위에는 가족들이 인화해 온 사진들이 빽빽하게 붙어 있었다. 가족사진 아래에는 '실종'이라고 적혀 있었다. 우리는 '희생자'라는 말을 할 수 없었다. 그 말을 들으면 "희생자 아니에요, 아직 죽지 않았다고요!"라며 울부짖는 사람들이 많았기 때문이다.

가족들은 접이식 의자에 앉아 대기했다. 길고 긴 줄이 이어졌다. 그중 아일랜드 국적을 가진 한 여성이 내게 왔다. 옆에는 두 명의 아이가 엄마 곁을 빙빙 돌고 있었다. 여성의 남편은 가장 먼저 현장으로 달려간 소방관이었는데, 빌딩이 무너진 후로 소식이 끊겼다고 했다.

"그날 남편이 출근하면서 저를 안아 주겠다고 했는데 전날 저녁에 제가 남편한테 화가 좀 났었거든요. 그래서 등을 돌려 버렸어요. 잠시 후에 문 닫는 소리가 들리더라고요. 말도 안 돼! 한 번만 더 기회를 주세요! 맹세할게요, 그 사람이 살아서 돌아오기만 한다면 꽉 안아 주고 싶어요. 영원히 떠나지 못하게 할 거예요!"

나는 여성의 손을 잡고 묵묵히 이야기를 들어 줄 뿐이었다. 어떤 말을 건네야 할지 마땅한 말이 떠오르지 않았다. 그때 불현듯 교수님이 했던 경고가 떠올랐다. 상처받은 사람의 감정 앞에서 상담자는 그 영향을 받지 않을 수가 없다고 했던 말.

"상대방이 더 이상 고통받지 않았으면 하겠지만, 그렇다고 그들의 고통을 떠맡아 줄 수는 없어. 그럴 때는 염세적으로 변하기도 하고 아주 냉담해지기도 하지. 이런 '동정 피로증'은 우리 의식을 점점 잠식하기도 해. 그래서 내가 숨을 쉴 수 있는 공간을 조금은 남겨야 하는 거야."

동정 피로증이 나를 찾아올 줄은 상상도 못 했다. 매일 센터로 출근해 이야기를 듣고 또 들었다. 집으로 돌아와 세수를 하다 거울을 보면서도 나의 초췌한 모습을 전혀 눈치채지 못했다. 그즈음 나는 너무나 울고 싶은 상태였다. 집으로 돌아오면 텔레비전을 보고 있는 아빠 엄마의 모습에, 당시 어렸던 내 여동생이 숙제하고 있는 모습에도 이상하게 눈물이 나려고 했다.

나는 내가 미쳤다고 생각했다.

하지만 나중에 안정을 찾고 난 후, 그 감정을 세밀하게 곱씹어 보면서 감정 뒤에 숨어 있는 생각들을 찾아보았다. 그건 피로가 아니라 감격이었다. 우리 가족이 건강하고 무사한 것에 대한 감격. 왜 나는 이렇게 운이 좋을까? 왜 다른 사람들은 그렇게 힘든 일을 겪을까? 나의 행운에 감사하면서도 한편으로는 가책을 느꼈다. 다시 생각을 살펴보았다. 그럼 또 무엇 때문에 가책이 느껴지는 걸까? 열심히 살아오지 않아서? 그건 불합리하다. 본래 사람의 운명이란 모두 제각각인데 반드시 거창해야 할 필요는 없지 않은가. 평범함 속에서 내게 주어진 복을 소중히 하고, 머나먼 미래 대신 하루하루를 잘 보내면 그걸로 된 것 아닌가?

갑작스럽게 가족을 잃었던 사람들도 이렇게 한탄하며 말했다. "다시 그 사람과 평범한 하루를 보낼 수 있다면 그걸로 충분하다"라고.

며칠 후, 전화 한 통을 받았다.

"안녕, 나 리처드야. 나 괜찮아, 아무 일 없다고."

나는 친구에게 욕을 퍼부었다. 물론 기쁨의 욕이었다. 리처드는 그날 출근길에 차가 막혀 15분을 지각한 걸로 사고를 면했다며 이렇게 말했다.

"앞으로 다시는 차 막히는 걸로 불평 안 하련다!"

우리의 긴 삶에 15분이란 어떤 의미일까?

15분은 생사의 차이를 만들 수 있었다.

이런 15분의 순간이 우리 삶에는 얼마나 있을까?

사실은 꽤 많다. 우리가 현재를 잘 살아갈 수 있다면, 지금 이 순간을 소중히 할 수 있다면 말이다.

리처드는 지금 미국에 있고 나는 타이베이에 있다. 하지만 2001년부터 우리는 매년 한 번씩 만난다. 벌써 몇 년을 리처드가 20시간이 넘는 비행으로 나를 만나러 왔고 나도 뉴욕에 가게 되면 반드시 그 친구를 찾아간다. 그 후 리처드가 결혼과 함께 플로리다로 이사를 해서 우리는 여전히 아이들을 데리고 플로리다의 유니버설 스튜디오에서 만난다.

모든 만남이 즐겁고도 감사하다.

모든 비극은 함께하는 시간을 더욱 소중히 하라는 가르침이다.

모든 결함은 인간의 사랑으로 서로를 치유할 수 있는 기회다.

모든 만남은 스쳐 지나가는 것일지라도 인연이다.

집을 나서는 매 순간이 이별이며,

집으로 돌아오는 매 순간이 만남이다.

언젠가는 우리 모두 이 세상을 떠날 것이기에 우리는 매 순간을, 모든 만남을, 지극히 평범한 모든 보통날을 더욱 소중히 해야 하지 않을까.

감정과
친구가 되는 법

우리의 모든 생각은 눈앞을 스쳐 가는 구름과도 같고
또 아주 잠깐 동안의 날씨와도 같다.
하지만 우리는 하늘이기에 날씨가 어떻게 변하든 흔들리지 않는다.
하늘은 영원히 그곳에, 변하지 않고 존재한다.

　지난 시간, 우리는 세상이 던지는 변화구의 끝없는 혼란 속에서 살았다. 매일 아침 눈뜨면 우리를 겁주는 뉴스 헤드라인과 코로나19 소식을 마주해야 했다. 몸과 마음은 전쟁 준비와도 같은 상황 속에 오랜 기간 놓였다. 삶을 뒤덮은 근심은 점점 불안으로 익어 갔다. 온라인상에서 대부분 유쾌해 보였던 친구들도 최근 들어 자신의 감정을 조절하는 게 힘들다고 인정했다. 툭하면 우울하거나 괴롭고, 슬럼프나 두려움을 느낀다고 했다.

　한 친구는 요즘 머릿속이 여러 생각들로 복잡하고 컨디션 자체가 좋지 않다고 하소연했다. 한밤중에 잠에서 깨면 다시 잠드는 게 너무 힘겹단다. 내가 '마음챙김 명상正念, mindfulness'을 해보라고 권했더니 친구는 말했다.

"됐어. 일단 감정이 일어나고 나면 아무것도 소용없더라. 머릿속을 비우는 게 아예 안 된다니까!"

이 지면을 통해 친구에게 답을 해주고 싶다. 동시에 독자들에게 마음챙김 명상의 흔한 오해에 관해 이야기하려고 한다.

마음챙김 명상의 진짜 의미

◆

사실 마음챙김 명상은 머릿속을 비우는 것이 아니다. 부정적인 감정을 없애는 것 또한 아니다. 오히려 그 반대에 가깝다. 머릿속에 떠오르는 생각을 거부할 필요가 없는 것이다. 내가 해석하는 마음챙김의 '정正'은 '바른 방향正向'을 뜻하는 게 아니라 '바로 보기正視'다. 즉 자기 생각을 회피하지 않고 똑바로 바라보는 것이다. 어떤 일로 인해 감정이 일어나고 자극되어 감정을 통제할 수 없을 때, 우리가 느끼는 곤혹감은 감정을 촉발해 낸 그 일 자체를 뛰어넘는 경우가 많다. 우리는 떨쳐 낼 수 없는 그 감정들 속에서 헤어 나오지 못한다. 감정을 통제하려고 들면 감정은 마치 사나운 짐승처럼 우리의 사고를 지배해 버린다.

이때는 감정 그 자체가 눈앞의 가장 커다란 문제가 되어 버리고 만다. 이성적인 뇌는 언제나 감정의 뒤를 느릿느릿 따라가고 심지어는 감정에 질질 끌려갈 때도 있다. 이런 상황에서 이성적으로 "그만!"을 외치는 것은 매우 힘들며 불가능한 일이기도 하다. 오히려 자신을 통제하지 못한다는 생각에 사로잡혀 기분만 나쁘다.

내가 추천하는 마음챙김 명상은 감정과 공존할 수 있는 좋은 방법이다. 다만 이 방법을 시도할 때는 스스로 '생각을 그만하자'라거나 '생각을 빨리 없애자'라는 요구를 하지 않는다. 우선 나의 주의를 집중시킬 수 있는 '고정된 대상'을 찾아야 한다. 대부분의 명상법은 자신의 호흡에 집중하거나 호흡할 때 눈을 가늘게 뜨고 코끝을 주시하라고 한다. 또는 천천히 숨을 내쉬면서 공기가 입술을 통과할 때 느껴지는 약한 떨림에 집중하라고 한다.

어떤 작은 대상이나 신체상의 느낌에 주의를 집중하고 있을 때 우리는 고도의 집중 상태에 놓인다. 이때 뇌는 비워지는 것이 아니라 약간은 의식의 장막을 떠받치고 있는 기둥의 모습에 가깝다. 이와 동시에 수많은 생각들이 끊임없이 머릿속으로 들어올 수 있다. 바로 이때가 중요하다. 이런 상황이 오면 그것을 '받아들이자.' 어떠한 비판 없이 그대로.

그러다가도 갑자기 또 익숙하고 불길한 예감이 들면서 잡생각이 시작될지도 모른다. 하지만 이렇게 잡념이 시작되었을 때 그 생각을 쫓아 버리려 하지 말고, 마음속으로 그 생각들을 마주하며 "오케이, 너로구나" 하고 말해 보자. 나의 주의력은 고정 대상에 여전히 집중을 유지하고 있어야 한다. 감정을 바라보면서 그것이 모였다 사라지도록 두면 어느 순간 머릿속은 텅 비어 있을 것이다.

아무리 무섭게 밀려드는 생각들도 "너로구나" 하고 말한 뒤 고정 대상에 주의를 집중한 채 몇 초가 흐르면 생각이 연기처럼 스스로 사라져 버린다. 아주 신기한 느낌이다. 마음챙김 명상을 오래 연습해 온 사람은 이렇게 묘사한다.

"마음챙김 명상은 이런 느낌이에요. 하늘의 어떤 한 점을 주시하고 있을 때 눈앞으로 구름이 천천히 흘러가죠. 그런데 나의 주의력은 그 어떤 구름에도 고정되지 않는 겁니다."

감정을 받아들이면 감정과 친구가 된다

✦

우리의 모든 생각은 눈앞을 스쳐 가는 구름과도 같고 또 아주 잠깐의 날씨와도 같다. 하지만 우리는 하늘이기에 날씨가 어떻게 변하든 흔들리지 않는다. 하늘은 영원히 그곳에, 변하지 않고 존재한다. 그러므로 명상을 하면서 모든 것이 비워지기를 바라는 것은 하늘을 바라보며 하늘이 텅 비어 있기를 바라거나 강한 태풍이 불어와 모든 구름을 한순간에 날려 버리기를 바라는 것과 같다. 불가능한 일이다.

하늘에는 언제나 구름이 존재한다. 그러나 우린 하늘이다. 이 구름을 받아들이고 호흡과 고정 대상에 집중한 뒤 생각이 천천히 흘러가기를 기다리자. 감정 기복이 실은 그렇게 두려운 것이 아니라는 걸 알게 될 것이다. 점차 나의 감정과 친구가 될 수 있다는 것도.

내 삶에 필요한
수련을 찾자

삶의 온갖 루틴이 깨졌지만 깨달은 것이 있다.
혼자 있는 시간과 조용히 마음을 챙기고 반성하는 시간, 운동과 독서, 산책까지.
이 모든 것이 바쁜 업무 사이에 끼어 있던 일상의 쉼표이자
실은 삶에서 가장 중요한 리듬이었다는 것을.

   과거의 내 생활 루틴을 보면 평균적으로 한 달 반에 한 번, 3일에서 5일 정도 멀리 외지로 나갔다. 즉, 6주에 한 번 정도는 외지에서 며칠을 묵었던 것이다.

   출장은 고생스럽지만 그렇다고 나쁘지만은 않았다. 나중에 익숙해질 때쯤에는 기대감까지 생겼다. 종일 이어지는 회의와 회식을 마치고 조용한 호텔 방으로 돌아와 아내와 아이들과 영상 통화로 '잘 자'라는 인사를 건넨 뒤, 텔레비전을 틀어 놓고 욕조 물을 따뜻하게 받아 놓은 뒤 잠들기 전 1~2시간 정도 혼자만의 시간을 즐겼기 때문이

다. 그러나 그렇게 고독했던 타향에서의 풍경도 2020년 한 해 동안은 단 한 번도 즐길 수 없었다.

매번 출장을 떠나기 전날 밤이면 당시 루틴을 따라 책상 위를 깨끗이 정리했다. 남은 계산서를 지불하고 이메일에 답장을 했으며 필요 없는 종이는 찢어 버리고 읽다 만 책은 책꽂이에 꽂았다. 평소 제대로 정리를 안 해둔 탓에 매번 먼 길을 나설 때마다 분주해지는 나를 자책하기도 했다. 하지만 동시에 이런 삶의 루틴에 익숙해져 갔다. 심지어는 대략 6주에 한 번씩 돌아오는 '대청소'가 기대되었고 밤을 새워서라도 할 일을 전부 마쳤다.

하지만 올해 나는 서재 방문 앞에 서서 책상 위부터 바닥까지 쌓인 잡동사니와 종이를 두 눈으로 쓱 훑어보다가 초조함과 답답함이 차오르는 걸 느꼈다. 나 자신에게 물었다.

"왜 이렇게 엉망이 된 거지?"

나는 알았다. 서재가 이렇게 엉망이 된 건 정기적으로 해오던 그 대청소의 부재라는 것을. 그리고 마음이 그렇게 답답했던 것도 오랫동안 혼자만의 시간을 갖지 못했기 때문이었다. 해야 할 일을 삶의 루틴에 끼워 두었는데, 루틴이 무너지니 나도 따라 무너졌던 것이다. 당신도 올해 이처럼 루틴이 무너지는 경험을 하지는 않았는가?

습관과 수련의 차이

✦

지하철을 타고 출퇴근하는 친구가 있었다. 매일 왕복 1시간 동안 통근하는데, 이어폰을 끼고 팟캐스트를 들으면 딱 한 회 분량을 들을 수 있다고 했다. 그러다 코로나19가 심각해지면서 해외 본사는 모든 직원을 대상으로 원격 근무를 시행했다. 통근 시간을 갑자기 잃어버린 친구는 처음에는 적응이 안 되었다. 흔들리는 지하철 안에서 다른 사람들 틈에 끼어 혼자만의 세상에 빠지는 그 시간이 친구에게는 아주 중요한 삶의 의식이었던 것이다. 그 후 친구는 무슨 일이 있어도 매일 아침이면 이어폰을 귀에 꽂고 산책을 나간다. 마치 팟캐스트를 들으며 통근하던 그 시간을 재연하듯.

인간은 습관의 동물이고, 습관은 우리의 일상을 만든다. 연구에 따르면 인간이 하루 동안 행하는 행위의 대략 40퍼센트가 관성을 따른다고 한다. 평소 습관에 변화가 생기고 적응기에 놓이면, 이 변화 앞에서 내가 타협할 수 없는 습관은 무엇인지 자문해 볼 수 있다.

예를 들면 나에게 청소와 혼자만의 시간이 필요하다는 것을 알게 되었을 때 나는 아내와 아이들에게 '휴가'를 청했다. 몇 주에 한 번씩 혼자 있을 수 있는 주말을 달라고. 출장을 가지 않을 수는 있어도 나는 출장과 같은 시간을 만들어야만 했다. 아내는 이상하다는 눈빛으로 나를 쳐다보았지만 결국 허락해 주었다.

최근 미국 작가 라이언 홀리데이Ryan Holiday가 '습관'과 '수련'의 차이에 대해 언급한 에세이를 한 편 읽었다. 그는 말했다.

"매일 아침 자리에서 일어나 뉴스를 보며 커피를 마시는 것은 일종의 습관이지만, 매일 아침 혼자 명상을 하는 것은 수련이다. 같은 시간에 밥을 먹는 것은 습관이지만, 건강한 음식을 선택해 먹는 것은 수련이다. 아침에 듣는 크로스핏Crossfit 수업은 습관을 길러 주지만, 매일 운동을 하는 것은 평생의 수련이 된다."

습관과 수련의 차이는 어디에 있는 것일까? 그것은 바로 습관과 루틴routine의 관계에 있다.

습관은 반자동적으로 행할 수 있는 행위지만 이것은 루틴을 따른다. 수련은 한평생 추구하는 것이기 때문에 유연할 수 있다. 생활 루틴이 변했다고 해서 공부를 중단하거나 글을 그만 쓰거나 명상을 그만둘 수는 없다. 나의 삶에 그것이 무척이나 중요하다면 말이다. 만약 우리가 그것을 일종의 수련으로 생각한다면 루틴이 끊겨도 나만의 루틴을 새롭게 만들어 낼 것이며 심지어는 더 좋은 루틴이 탄생할 수도 있다.

예를 들어 아침에 커피 한 잔을 내려서 창밖을 바라보며 이런저런 생각을 하는 습관이 있어 최고급 이탈리아 커피머신까지 구매했다고 하자. 어느 날 커피머신이 고장 났다. 곧바로 카페로 달려가 커피를 사서 그대로 회사로 가져가 보지만 어쩐지 커피 맛이 평소와 다르다. 그래서 한번 커피 대신 따뜻한 차를 손에 들고 창밖을 바라보며 생각에 잠겨 본다. 의외로 그 효과가 더 좋다. 그때 비로소 깨닫는다. 내가 진정으로 원했던 건 손에 마실 것을 들고 창밖을 바라보며 하루를 계획하는 고요한 시간이었다는 사실을. 커피는 주인공이 아니라 조연이었던 것이다.

이렇게 나에 대해 한층 더 잘 알게 되면, 전에는 "아무리 바빠도 아침 커피는 빠뜨릴 수 없다!"라고 이야기했을지도 모르지만 이제는 나 자신에게 말할 수 있다. "아무리 바빠도 아침에는 생각하는 시간을 조금이라도 가져야 한다"라고. 커피는 습관이고 생각의 시간은 수련인 것이다.

내 삶에 필요한 수련을 찾자

✦

코로나19 사태를 겪으며 삶의 온갖 루틴이 깨졌지만 깨달은 것이 있다. 혼자 있는 시간과 조용히 마음을 챙기고 반성하는 시간, 운동과 독서, 산책까지. 이 모든 것이 바쁜 업무 사이에 끼어 있던 일상의 쉼표이자 실은 삶에서 가장 중요한 리듬이었다는 것을. 일도 변할 수 있고, 삶의 루틴도 변할 수 있다. 하지만 나의 기쁨과 성장을 위해 얼마간의 시간은 반드시 날 위한 수련으로 이어 가야 한다.

당신은 어떤가? 내 삶에 반드시 필요한 수련을 정확히 아는 것만으로도 우리는 지금보다 더 즐거울 수 있다고 확신한다.

내면의 결함이
보상작용을 일으킨다

심리적으로든 신체적으로든 보상작용이 나타날 때는 공통점이 있다.
그것은 바로 자신에게 보상작용이 일어나고 있다는 것을
의식하지 못한다는 사실이다.

최근 달리기를 하다가 예전에 다쳤던 부위가 재발해서 곧장 재활 클리닉을 찾았다. 물리치료사는 몸을 앞뒤로 구부리기, 한 발로 서기, 직선으로 걷기 등을 시키면서 전부 촬영하더니 영상을 보여 주며 설명했다.

"보세요, 여기 보상작용이 뚜렷하게 보이죠."

신체적 측면으로 볼 때 '보상작용Compensation'이란, 우리가 어떠한 동작을 할 때 원래 사용되어야 하는 근육이 정상적으로 움직이지 못하거나 힘이 부족하면 주변의 다른 근육의 힘을 빌려 와 기능을 보충

하는 현상을 말한다. 평소에는 큰 문제가 없지만 오랜 기간 축적되거나 비교적 고강도의 운동을 할 경우 문제가 생긴다.

예를 들면 나는 오른발이 살짝 평발인 데다 무지외반증이 있다. 땅을 디딜 때마다 오른발과 종아리가 안쪽으로 살짝 돌면서 몸의 중심이 균형을 약간 잃는다. 달리기를 할 때는 오른쪽 다리의 대퇴사두근에 힘이 더 가해지면서 몸의 중량은 비교적 안정적인 왼쪽 다리로 재빨리 전환된다. 이런 과정을 통해 나는 정상적으로 앞으로 나아갈 수 있지만 왼쪽 근육 사용량은 많아지고 오른쪽은 사용량이 부족해진다. 그 차이는 아주 미묘하고 또 느리게 움직여야 겨우 눈에 보일 정도지만, 반복에 반복을 거듭할수록 달리기 후에 고관절 주변으로 이상한 통증이 느껴지기도 한다.

우리의 심리적 보상작용

✦

심리적 측면으로 볼 때도 우리의 각종 행위 속에는 보상작용이라고 부를 수 있는 것이 있다. 이를테면 어릴 때 어른들에게 꾸지람을 많이 받았던 사람은 자신이 늘 부족하다고 생각한다. 어른이 되어서 성취를 이루거나 주요 책임자가 되어서도 부족한 자신감을 숨기기 위해 오히려 아랫사람들을 거칠게 대한다. 내면의 결함에 대한 보상으로 위엄 있게 굴면서 주변 사람들에게 자신을 함부로 대하지 못하도록 하려는 것인데, 이러한 행동은 결국 인재를 내 것으로 만들지 못하고 관리의 '페인 포인트Pain Point'가 되어 버린다.

보상작용은 가정에서도 볼 수 있다. 자녀를 꼭 붙든 채 놓지 못하고 다방면으로 부족한 것 없이 챙기는 아내가 있다. 이 넘치는 사랑은 혹시 불행한 결혼 생활에 대한 보상작용에서 나온 건 아닐까? 아침부터 밤늦게까지 야근하며 미친 듯이 일에 빠져 사는 남편이 있다. 이 행동은 돈을 많이 벌어 집에 가져다주기 위해서일까? 아니면 애초에 집에 들어가기 싫은 마음에 야근을 합리적인 보상으로 삼은 건 아닐까?

보상작용과 비슷한 개념으로 '보상 소비Compensatory Consumption'가 있다. 행동 경제학자가 관찰한 현상에 따르면 사람은 자기 능력이나 지위가 부족하다고 느낄 때, 자신의 결함을 상징적으로 메워 줄 만한 물건을 사는 데 돈을 많이 쓰기 시작한다고 한다. 이러한 현상을 전문 용어로 보상 소비라고 한다.

신체적으로든 심리적으로든 보상작용이 나타날 때는 공통점이 있다. 그것은 바로 자신에게 보상작용이 일어나고 있다는 것을 의식하지 못한다는 사실이다. 덤벨을 한 세트 들어 올릴 때 어깨의 힘이 부족하면 목과 허리, 등의 근육이 재빠르게 움직여 동작을 완성한다. 이토록 복잡한 근육의 협동도 자동으로 이루어지는 것이다. 뇌가 얼마나 오묘한 것인지 알 수 있다.

마찬가지로 우리의 심리적 보상작용 역시 주로 일련의 복잡한 결정으로 이루어진다. 하지만 모든 것이 잠재의식 안에서 일어나기 때문에 우리는 그 원인을 제대로 알 수 없고, 그래서 온갖 다른 이유를 갖다 붙이며 자신의 행동을 합리화하기도 한다.

치료실로 다시 돌아와 보자.

"그럼 어떻게 해야 하나요?"

나는 조금 다급했다. 당장 다음 달에 로드 레이스가 있었기 때문이다. 물리치료사는 느긋한 말투로 대답했다.

"첫째, 자신의 약점이 어디 있는지 알고 받아들이세요. 그리고 약점 때문에 어떤 보상작용이 일어나고 있는지 아셔야 해요. 둘째, 속도를 줄여서 정확한 동작을 익혀야 합니다. 이때는 기존에 운동하지 않았던 근육을 활성화해야 할 거예요. 동시에 잘 관찰하면서 지금까지의 관성을 제어해야죠. 셋째, 반복적인 연습으로 뇌가 정확한 동작에 익숙해지고 나면 다시 기능성 동작으로 통합하고요. 물론 평소 운동을 할 때도요. 그리고 넷째, 주기적으로 살펴보면서 기존에 소홀히 했던 근육을 계속 강화시켜야 합니다."

사실 우리의 내면에서 일어나는 보상작용을 바로잡는 것도 위와 마찬가지다. '근육'을 '생각'으로 바꾸고 위의 4단계를 그대로 따르면 된다. 무슨 일이든 처음이 어렵다. 중요한 건 첫발을 내딛는 것이다.

나의 약점을 이해하고 받아들이는 것. 그리하여 어떤 보상작용이 일어나고 있으며 어떤 대가를 치렀는지를 이해하는 것이다. 내가 치른 대가가 무엇인지는 나의 페인 포인트가 명확히 알려 줄 것이다.

선한 마음이
상처가 되지 않게

———

세상의 아픔을 내 것으로 만들지 말자.
내가 제어할 수 있는 범위를 잘 관리하면서
주변 사람들에게도 관심을 가져야 한다.

2020년, 일찍이 우리를 떠난 유명인 중 내게 가장 큰 충격을 주었던 건 바로 토니 셰이Tony Hsieh였다. 그는 미국의 온라인 신발 쇼핑몰 '자포스Zappos'의 창업자로 미디어에서는 그를 '신발의 왕'으로 불렀다. 그의 죽음에 큰 충격을 받았던 건, 2가지 이유에서였다.

첫째는 그가 나의 동창이었기 때문이고, 둘째는 내가 아는 토니는 너무나 밝고 빛나는 사람이었기 때문이다.

뜻밖의 부고가 들려오다

✦

당시 토니가 살았던 숙소는 내가 살던 숙소 옆이었다. 그 숙소에는 열심히 공부하는 아시아계 학생들이 특히나 많았다. 토니가 숙소 안에서 작은 스낵바를 운영했기 때문에 우리는 일면식이 있었지만 친구 사이라고는 할 수 없었다.

토니는 졸업 후, 우리 동기들 사이에서 전설적인 인물이 되었다. 그는 24세에 자신의 첫 회사를 '마이크로소프트MS'에 팔면서 2억 달러를 벌었다. 첫 번째 동창회가 열리기도 전에 이미 퇴직해도 될 만큼의 재력이 생긴 것이다. 하지만 토니는 자포스에 투자를 하고 혼신을 다해 경영에 임한다. 밑천을 모두 날릴 뻔하면서도 몇 년을 버틴 그는 마침내 자포스를 '아마존Amazon'에 팔면서 12억 달러를 벌었고 동시에 CEO직을 연임한다. 그는 이렇게 공식적으로 실리콘 밸리에서 모르는 사람이 없는 스타가 되었다.

양심적인 사업가라는 신념에 따라 그는 자포스에서 전에 없던 고객 서비스와 기업 문화를 만들어 냈다. 직원들을 가족처럼 대하면서 그들에게도 고객을 이처럼 대할 수 있도록 격려했다. 자포스의 관심은 신발 판매가 아니라 고객 만족에 가까웠다. 상호주의 원칙을 따르는 대부분의 소비자들에게 자포스는 순식간에 가장 믿을 수 있고 주변 사람들에게 추천하고 싶은 온라인 상점이 되었다.

경영 업계의 최고가 된 토니는 수시로 잡지 표지를 장식했고 그의 책은 「뉴욕 타임스The New York Times」 베스트셀러 목록에 우직하게 자리 잡았다. 그는 회사 직원들을 데리고 본사를 라스베이거스로 옮겨 몰락해 가던 도심을 살리는 프로젝트를 진행하기도 했다. 네바다주에서 열리는 연중행사인 '버닝맨Burning Man'에 자주 참여했으며 평소 캠핑카 안에서 살았다. 애완동물로는 라마 한 마리를 키웠다. 그는 무척 소탈한 삶을 살았다. 벼락부자였으나 소박했고 자유분방하면서도 독특했다. 언제나 규칙을 깨뜨렸고 어디에서나 사람들을 즐겁게 했다.

내가 본 토니 셰이는 에이브러햄 H. 매슬로Abraham H. Maslow의 '욕구 피라미드'에서 꼭대기에 오른 것도 모자라 그 위에서 물구나무서기를 하고 케케묵은 사회를 향해 우스꽝스러운 얼굴을 하는 사람이었다. 뜻밖의 부고가 친구들 사이에서 들려오기 전까지만 해도 그랬다.

제일 처음, 언론에서는 호화 주택의 화재라고 했다. 후에는 방이 흔적도 없이 깨끗하다고 했고 또 토니는 방이 아니라 방 옆의 공구실에 있었다고도 했다. 그 안에 양초가 잔뜩 있는 걸로 보아 검은 연기를 마신 걸로 의심이 된다고 했다. 사건이 갈수록 미궁에 빠져 가고 있을 때 「포브스Forbes」의 장편 보도가 이어졌다. 토니 셰이의 주변 인물 스무 여 명을 취재한 끝에 과거 1년 동안 토니 셰이가 보였던 불안정한 상태에 대해 폭로한 것이다.

주변 인물들의 이야기에 따르면 토니는 평소 파티를 즐겼다. 그러다 코로나19가 심각해지면서 그의 폭음도 점점 극심해졌다. 심지어는 환각제와 아산화질소를 즐기기도 했다. 진짜 친구들과는 점점 멀어지기 시작하고 그의 곁에는 만행을 눈감아 주는 친구들만 남게 되었다. 토니 셰이는 함께 즐거움을 찾자는 말로 그들을 자신이 만든 도시로 불렀고, 월급을 주면서 그곳에서 살게 했다.

「포브스」는 이어지는 보도에서도 그의 운명을 같은 키워드로 이야기한다. '비극tragedy.' 젊은 시절 꿈을 이루고 '아메리칸드림'을 실현했지만 결국 그는 그 꿈의 그림자 속으로 미끄러졌다. 8억 달러에 가까운 재산을 남겼으나 유언은 없었다.

나는 토니와 친분이 없다. 그의 내면이나 동기에 대해 추측할 입장은 아니지만 그를 생각하니 자연스럽게 내 주변 친구들이 떠올랐다. 그중에서도 특히나 친한 친구가 한 명 있다. 친구는 됨됨이가 후하고 소탈한 데다가 술을 즐겨 마신다. 매번 모임을 찾는 친구들이 거나하게 마시고 취할 때까지 통 크게 친구들을 대접했다. 그러나 술에 취하고 나면 늘 사적인 자리에서 나를 끌어안고 울었다. 이 세상은 너무나 불공평하고 고통스러운 곳이라며 괴로움을 토로했다. 그의 마음 깊은 곳에는 사랑이 가득했지만, 그는 표현하는 방법을 몰랐다.

나는 그 기분을 너무나도 잘 안다. 나 역시 가끔 안 좋은 뉴스를 보고 나면 온종일 우울할 때가 있었다. 수없이 들려오는 나쁜 소식에 온몸으로 무력감을 느꼈다. 이런 무력감은 바깥의 부정적인 정서가 내재화되면서 나의 고통이 되는 것이다. 내재화된 감정은 신체의 통증으로 이어지고 심지어는 수면에까지 영향을 미치면서 '불쾌감의 3부작'을 이룬다. 이것은 일종의 만성적인 내상이다.

아마 토니는 마음이 선한 사람이었을 것이다. 어쩌면 너무 선해서 세상의 고통을 자신의 고통으로 내재화했는지도 모른다. 문득 의문이 들었다. 만약 내가 8억 달러에 이르는 몸값을 가진 사람이고 내가 가진 제약을 돈으로 해결할 수 있었다면, 나 역시 극단적인 행위로 현실을 벗어나고자 했을까.

세상의 아픔을 내 것으로 만들지 말자

✦

우리는 아쉬움과 좌절로 가득한 시련을 이제 막 한차례 넘겼다. 새로운 희망이 눈앞에 있지만, 아마도 이 세상이 회복되려면 긴 시간이 필요할 것이다. 나는 그저 모두에게 말해 주고 싶다. 세상의 아픔을 내 것으로 만들지 말자고. 내가 제어할 수 있는 범위를 잘 관리하면서 주변 사람들에게도 관심을 가져야 한다. 늘 웃는 얼굴로 남을 대하는 사람, 평소 모든 이들에게 즐거움이 되는 사람, 태양처럼 긍정적인 에너지로 가득한 친구들을 포함해서.

또 다른 친구 한 명이 동문 게시판에 남긴 글이 기억에 남는다.

"남들에게 많은 것을 주는 사람일수록 필요로 하는 게 많은 사람이야. 그저 말을 못 할 뿐이지."

올해는 좋은 일이든 나쁜 일이든 말로 꺼내는 연습을 해보자. 나의 선한 마음이 상처가 되지 않도록.

인생이라는
공연을 감상하라

우리가 이 세상에 온 것은
인생이라는 멋진 공연을 보기 위해서지,
가장 좋은 자리에 앉아 잠에 빠져 있기 위해서가 아니다.

당신은 지금 어떤 삶을 살고 있는가? 이번에는 우리 삶과 닮은 한 일화를 통해 이야기를 시작해 보려 한다.

세계적으로 유명한 마술 극단이 어느 작은 시골 마을로 순회공연을 갔다. 공연에 필요한 인력이 무척이나 많아 극단은 마을에서 임시 아르바이트직을 모집했다. 아르바이트생은 보수 외에도 특혜가 있었다. 일하는 시간을 3시간 채우면 장외 관람권을 받고, 6시간을 채우면 장내로 입장해서 공연을 볼 수 있으며, 하루를 채우면 가장 앞줄의 가운데 자리 표를 얻을 수 있었다. 그곳은 관객석에서도 최고로 좋은 자리였다. 보기 드문 공연인 데다 아르바이트로 돈도 벌고 세계적인 공연을 무료로 볼 수 있다고 하니 마을 사람들의 관심이 쏟아졌다.

그중, 집안 환경이 어려운 한 형제가 하루를 함께 일한 뒤 앞 좌석 표를 손에 넣기로 결심한다. 형제는 조명 설치부터 천막 치기, 음향기기 들기, 이것저것 옮기는 일까지 고된 업무를 하기 시작했다. 심지어는 청소를 돕거나 분주하게 뛰어다니며 밥 먹을 시간조차 없이 일했다. 오후가 되자 형제는 이미 잔뜩 지친 상태가 되었지만 공연을 보겠다는 신념으로 버텼다. 가장 앞줄 가운데 자리의 표를 꼭 얻고 싶었다.

저녁이 되자 형제의 고된 노동은 목표를 달성했고 그토록 원하던 입장권을 손에 넣었다. 공연장에 들어선 형제는 기진맥진한 몸으로 공연장에서 가장 좋은 좌석에 자리를 잡고 앉았다. 그러나 온몸은 흙투성이에다 손에는 무거운 것을 나르다 생긴 물집이 가득했다.

드디어 사회자가 무대에 오르고 공연이 시작되었다. 우레와 같은 박수 소리가 공연장을 메우는 사이 형제는 깊은 잠에 빠져 버렸다. 공연이 끝나고 관객들이 공연장을 빠져나간 뒤 공연장의 문이 굳게 닫힐 때까지도 형제는 여전히 그 자리에서 잠을 깨지 못했다.

정말 짠한 이야기가 아닌가? 형제는 귀한 공연을 볼 수 있는 기회를 얻기 위해 하루 종일 바쁘게 뛰었다. 임무는 완수했지만 피로가 몰려온 나머지 멋진 공연 감상을 놓치고 말았다. 어떤가? 많은 이들의 삶 역시 이와 비슷하지 않은가?

나를 포함한 많은 사람들이 목표를 이루려는 열망으로 죽어라 일하고 노력하면서 몇 년을 그렇게 특별할 것 없이 살아간다. 그러다 이제 행복을 누려야 할 때쯤, 건강에 이상이 생기거나 나이가 들어 거동이 힘들다는 걸 깨닫기도 한다.

이 세상은 글로벌 마술 극단의 공연처럼 아주 근사하다. 우리는 누구나 가장 앞줄의 가운데 좌석에 앉아 공연을 감상하고 싶다. 놓치면 안 될 만큼 멋진 공연이 아니어도 우리는 끊임없이 스스로를 채찍질한다. 반드시 최선의 노력을 다해서 '가장 좋은' 그 표를 손에 넣어야 한다고. 반드시 가장 앞줄의 좋은 좌석에 앉아 이 공연을 즐겨야 한다고 말이다.

우리는 목표 달성을 위해 쉼을 잊고 필사적으로 일한다. 자신은 아직 젊고, 잠깐 고생하는 것쯤 아무것도 아니라고 생각한다. 몸이 감당할 수 없을 만큼 피로해질 때까지 달리다가 결국 꿈에 그리던 티켓을 손에 넣는다.

하지만 인생이 그즈음에 다다르고 나면, 마음과 다르게 부족한 힘이 느껴진다. 나이가 들었거나 혹은 몸이 주는 경고를 오랜 시간 무시한 끝에 병을 얻었거나 그것도 아니면 순수하게 그 순간을 즐길 힘을 잃어서다. 이 얼마나 안타까운 일인가. 그렇게 노력해서 표를 손에 넣고 죽을힘을 다해 가장 좋은 좌석을 차지하고도 공연을 즐길 에너지와 마음이 더 이상 없는 것이다.

최근 집이나 차를 사기 위해 혹은 대도시에서 안정적인 삶을 살기 위해 체력과 정신력을 모두 쏟아붓는 젊은이들을 많이 본다. 밤늦게 까지 일하느라 밥 먹을 시간도 없고 잠도 제대로 못 자는 젊은이들에 대한 보도를 보고 마음이 아팠다. 이루고자 하는 목표를 향해 열심히 달릴 수 있도록 자신을 독려해야 하는 건 맞지만, 우리가 반드시 잊어서는 안 되는 것이 있다.

삶의 목적은 필사적인 노력으로 가장 좋은 자리를 차지하는 데에만 있지 않다. 마음과 힘을 전부 기울이고 난 후에도 멋진 공연을 충분히 즐길 수 있어야 한다. 어느 자리에 앉았느냐는 사실 조금도 중요하지 않다. 내가 그 공연을 감상했다는 것이 중요하다.

우리는 모두 자신의 목표를 향해 열심히 달리고 있다. 어느 날 문득 피로가 느껴진다면, 중압감에 힘이 든다면 잠시 쉬어 가자. 휴식을 취하는 것도, 내 삶의 위치를 다시 한번 살펴보는 것도 모두 건강한 과정이다. 목표를 추구하는 것도 좋지만 나 자신을 잘 보살피고, 다가올 미래에 건강하고 즐거운 나를 만드는 것 또한 중요하다. 잊지 않길 바란다. 우리가 이 세상에 온 건, 삶이라는 멋진 공연을 감상하기 위해서지 가장 좋은 자리에 앉아 깊은 잠에 빠져 있기 위해서가 아니라는 것을.

습관적 거부감을
해결하는 심리술

심리적 습관을 기르는 일은 한순간에 이루어지지 않는다.
일정 기간 연습해 나가다 보면 마치 게임을 할 때 경험치를 쌓듯,
어느 순간에 이르러 레벨 업을 할 수 있다.
그러고 나면 한층 긍정적인 마음으로 나 자신과 인생을 마주하게 될 것이다.

"류쉬안 선생님, 고민이 하나 있습니다. 매사 모든 일이 자꾸 제 마음과 부딪히는 것 같아요. 예를 들면 최근에 팀장님이 저에게 업무 배정을 해주셨는데 제가 당연히 해야 할 일이라는 걸 알면서도 하기가 싫어요. 집에서도 그런 것 같아요. 남편이 도와 달라고 하면 그게 늘 귀찮게 느껴지고요. 이런 마음 상태가 과연 옳은 걸까요? 어떻게 고쳐야 하나요? 왜 이런 마음이 드는지도 모르겠어요. 선생님이 분석 좀 해주세요!"

누군가 나에게 이런 고민을 털어놓는다면, 이 말을 해주고 싶다. 만약 이러한 일련의 감정이 순간적이거나 혹은 어떤 일에 울분을 느껴 마음이 가라앉지 않을 때 찾아오는 것이라면, 이때의 '일시적인 폭발'은 그렇게 신경 쓰지 않아도 된다고. 스스로 인식을 하고 있으니 다음번에는 감정을 잘 조절하면 된다.

하지만 이러한 '거부감'이 이미 습관이 되어 버려서 모든 일에 거부와 부정부터 하게 된다면, 이제는 자신의 마음속을 깊이 들여다보며 본격적으로 감정 관리를 해나가야 할 필요가 있다. 다음 내용에서 차근차근 그 방법에 대해 살펴보도록 하자.

습관성 거부감이 맞는지 확인하기

✦

일단 먼저 스스로에게 질문을 던져 보자. 이 습관성 거부감이 나의 학업이나 업무, 인간관계에 더 큰 이점이 되었는가? 그게 아니라면 사람들과 어울려 살아가는 속에서 '멈춤을 선택'하려는 마음이 있었던 건 아닌가?

왜냐하면 이러한 거부감은 단순한 본능이 아니라 일종의 내가 하는 선택일 수 있기 때문이다.

마음가짐의 시작점 파악하기

✦

다음으로는 이런 마음가짐이 언제부터 시작되었는지 생각해 보자. 사춘기 때인지, 대학 입학 후인지, 일을 시작하고 나서인지, 아니면 첫사랑을 실패하고 난 후인지. 일반적으로 마음가짐의 중대한 변화는 주로 인생의 '전환점'을 겪을 때 생긴다. 만약 그러한 사건이 있었다면 그때를 기점으로 삶에 어떤 중대한 변화가 있었는가? 혹 나를 보호하려 애쓰거나 더욱 자기중심적이게 되었는가? 아니면 상처를 받아 타인에게 벌을 주고 싶어진 건 아닌가?

그 당시의 변화를 차분히 돌이켜 보자. 그것을 계속 현재까지 끌고 와서 영향을 줄 필요가 있을까? 아니면 멈춤을 선택해서 과거의 마음가짐을 끝내고 새로운 시작을 하고 싶은가?

긍정의 '오케이' 외치기

✦

만약 당신이 새로운 시작을 행하기로 마음먹었다면, 아주 유용한 심리 훈련법을 하나 알려 주려고 한다. 그것은 바로 모든 것에 '오케이' 외치기다.

먼저 시간을 정한다. 1~2시간도 좋고 오전, 오후 시간으로 설정해도 좋다. 그 시간 동안에는 무슨 일이 생기든 일단 '오케이'를 외치는 것이다. 예를 들어 동료가 "파일 한 부만 복사해 줄래요?" 하고 당신에게 말했다면 도와주고 싶지 않아도 일단 "오케이"라고 대답한 뒤 동료를 도와주어야 한다. 배우자가 내게 "냉장고에서 콜라 좀 꺼내다 줘"라고 말한다면 "왜 본인이 안 가져오고?"라며 반박하지 말고 "오케이"라고 대답한 뒤 가져다준다. 실수로 물을 쏟았거나 컴퓨터에 저장된 파일이 삭제되었거나 혹은 할인 쿠폰을 손에 넣지 못했어도 일단 "오케이"를 외치고 나서 그 후에 해결해 나간다.

이 훈련을 지속하는 동안에는 어떤 상황이 생기든 그것이 나 자신이나 주위 사람들에게 위험한 상황이 아니라면, 모든 일에 긍정의 태도로 '오케이'를 외친 뒤 그대로 받아들인다. 이와 동시에 나의 심리 변화를 관찰해 본다. 거부감이 올라오던 그때부터 상대방에게 긍정의 답을 할 때까지, 그리고 상대방의 반응과 나의 마음속 반응을 살펴보는 것이다. 더불어 신체적인 변화도 함께 주시한다. 상대방이 무언가를 요구하거나 어떤 상황이 발생했을 때, 근육이 갑자기 긴장하면서 수축되거나 팔짱 끼는 자세를 하지는 않았는지 혹은 나도 모르게 고개를 한쪽으로 돌려 버리지는 않았는지 살펴본다. 그리고 상대방에게 긍정의 대답을 한 후에는 또 신체에 어떤 변화가 있는지까지 관찰해 본다.

이러한 훈련 과정을 몇 번 거치다 보면 알게 될 것이다. 내면의 거부감을 내려놓고 모든 일에 '오케이'를 외치는 것이 그렇게 나쁘지 않다는 사실을. 당신을 불편하게 하거나 위험하게 만들지도 않는다. 오히려 상대방의 긍정적 반응에 더욱 마음이 놓이고 편안해질 것이다. 그때가 되면 더 자주, 더 많이 '오케이'를 연습해 본다.

문제의 인식이 곧 변화의 시작이다. 심리적 습관을 기르는 일은 한순간에 이루어지지 않는다. 일정 기간의 '의도적인 연습'이 필요하다. 직접 경험해 나가다 보면 마치 게임을 할 때 경험치를 쌓듯, 어느 순간에 이르러 레벨 업을 할 수 있다. 그리고 나면 한층 긍정적인 마음으로 나 자신과 인생을 마주하게 될 것이다.

우울할 땐 나만의
색채 환경을 만들자

어쩌면 아직도 우리는 한겨울 속에서 소생할 방도를 찾고 있는지도 모른다.
그런 우리에게 '즐거움'이란 단어는 너무나 멀게만 느껴진다.
그럼에도 언제나 삶의 곳곳에는 '기쁨'이 존재하지 않을까?

알바니아는 유럽에서도 가장 가난한 국가 중 하나였다. 수도이자
최대 도시인 티라나조차 대부분의 건물이 오래되고 낡은 데다가 쓰
레기는 산처럼 쌓여 있고, 어둑한 길모퉁이는 늘 위험이 도사리고 있
어 집집이 철창을 달았다. 대부분의 시민이 세금조차 내지 않았다. 유
럽연합과 세계은행에게도 티라나는 상대하지 않을 수는 없으나 차라
리 잊고 싶은 도시였다. 매년 조달하는 도시 보조금은 아무 쓸모도
없었다.

그러나 2000년 가을, 티라나의 얼룩덜룩하던 시멘트 건물 한 동이

갑자기 밝은 오렌지색 옷을 입었다. 건물은 주위의 잿빛 도시와 확연한 대비를 이뤘다. 시민들이 너도나도 달려와 눈을 동그랗게 뜨고 이 장관을 바라보았다. 이 작업은 당시 막 부임했던 시장 에디 라마Edi Rama가 지시한 일이었다.

도시가 다채로워지고 난 후

✦

에디 라마는 정치에 입문하기 전 화가였다. 그는 "색채를 써서 우리 도시가 잃어버린 희망을 되살리고 싶었다"라고 말했다. 모두가 긍정적인 반응을 보인 것은 아니었다. 보조금을 책임지고 있는 유럽연합의 임원은 이 사실을 듣고 에디 라마에게 당장 건물 도색을 멈추라고 명령했다. 색깔이 유럽연합의 표준에 부합하지 않는다는 이유였다. 그러나 에디 라마는 반박했다. "그럼 이 도시를 한번 보십시오. 이곳의 환경 또한 유럽연합의 표준과 부합하지 않습니다!"라고. 더불어 여론 조사를 진행한 결과 이 색깔을 좋아하는 시민들이 많다는 것이 밝혀졌으며, 시민 중 절반이 계속 도색해 달라는 의견이었다.

에디 라마 시장은 그의 정치 신념을 버리지 않았다. 각종 화려한 색깔로 시내의 건물들을 칠했고 국제적으로 유명한 화가까지 초청해서 대형 벽화의 제작을 맡겼다. 그 후, 기적이 일어났다. 거리 위에 사람들이 많아졌고 아무렇게나 나뒹굴던 쓰레기가 줄었다. 시민들은 창가의 철창살을 떼기 시작했다. 이 효과가 널리 퍼져 나가면서 더 많은 건물이 새로운 색깔을 입기 시작했다. 실업률 또한 줄었고 시민들은 웃음을 되찾았으며 시 정부의 세입까지 증가했다.

알록달록해진 티라나는 도시를 성공적으로 재생시킨 사례가 되었다. 이로써 에디 라마는 2004년에 세계 우수 시장상을 받았고 훗날 알바니아의 총리가 되었다. 에디 라마는 말했다.

"벽에 칠해진 페인트가 아이들을 키워 주지는 않습니다. 환자를 돌봐 주지도, 무지한 자들을 가르치지도 못 하죠. 그러나 사람들에게 빛과 희망을 줍니다. 다른 가능성과 다른 활력, 다른 삶의 감각을 보게 합니다. 우리가 이 같은 에너지와 희망으로 정치를 해나갈 수 있다면 서로를 위해 그리고 국가를 위해 더 나은 삶을 만들어 갈 수 있을 겁니다."

색은 에너지를 가진다. 알록달록한 색깔은 활력을 준다. 분홍색은 행복하고 평온한 기분을 느끼게 하고, 짙은 색 계열은 무게감을 준다는 것은 색채 심리학을 배우지 않아도 직관적으로 느낄 수 있는 것들이다.

우리 또한 살아가며 희망이 보이지 않는 듯한 기분을 느낄 때도 있다. 그럴 때 이처럼 색채를 통해 더 나은 내일을 만들어 보면 어떨까?

내 삶에 색채라는 기쁨을 들이자

✦

『조이풀』을 집필한 잉그리드 페텔 리 Ingrid Fetell Lee는 책에서 티라나의 사례를 들며 어떻게 하면 우리의 작은 행동으로 삶에서 즐거움을 만들어 낼 수 있는지에 대해 이야기한다. 예를 들면, 색채 활용으로 활력을 되살려 보거나 놀이와 기발한 아이디어를 활용해 주변의 공간을 꾸미는 것이다. 작가의 말에 따르면 최근 실내 디자인의 추세는 '미니멀리즘'으로, 이는 '적은 것이 곧 많은 것'이라는 믿음이다. 보기에는 심플하고 깨끗하며 선불교에서 추구하는 평정심까지 느낄 수 있다. 하지만 미니멀리즘은 일종의 속박을 상징하기도 한다. 노출 콘크리트 건축물의 단순한 라인과 인더스트리얼 스타일Industrial Style의 유리와 강철로 된 공간은 매우 가지런하지만 동시에 '지나치게 조심스럽다.'

'지나치게 조심스러움'은 우리가 한동안 보내온 날들의 심리 상태를 의미하는 말이기도 하다. 우리는 스스로를 구속했고 모든 일에 신중해야 했다. 시간이 흐르자 교류가 줄었고 상호 작용이 줄면서 활력을 잃었다. 이 때문에 많은 사람이 우울해졌고 심지어는 이 침체기 속에서 즐거움을 찾아야 할 이유조차 잃어버렸다.

어쩌면 아직도 우리는 신중해야 할 상황에 있는지도 모른다. 여전히 한겨울 속에서 소생할 방도를 찾고 있는지도 모른다. 그런 우리에게 '즐거움'이란 단어는 너무나 멀게만 느껴진다. 그럼에도 언제나 삶의 곳곳에는 '기쁨'이 존재하지 않을까?

즐거움의 크기와 비교해 기쁨은 작고 가벼울 수 있다. 평소에는 알아차리지 못할 만큼 짧은 순간일 수도 있다. 하지만 이런 때일수록 기쁨은 특히 중요하다. 우리는 잿빛 같았던 지난 시간으로부터 다채로운 색깔이 피어날 수 있도록 기쁨을 통해 나의 영혼을 되살리고 활력을 깨울 필요가 있다.

우울할 땐 색채로 내 삶에 기쁨을 들여놓는 건 어떨까? 침대 시트를 밝은색으로 바꾸고 산뜻한 쿠션을 사서 소파 위에 올려 두고, 외출할 때는 밝은색의 액세서리를 걸치는 것이다. 집이나 일하는 곳의 환경이 미니멀리즘 스타일이라면 색이 화려하고 스타일이 서로 다른 물건을 몇 개 놓아둘 수도 있다. 마치 채소 볶음에 작은 홍고추 하나를 올려놓는 것처럼 예쁜 장식이 될 뿐만 아니라 맛까지 느끼게 해줄 것이다.

색채로 소소한 기쁨을 만들어 기분을 한껏 끌어올려 보자! 지금 우리에게 필요한 건 미니멀리즘이 아니라 컬러일지도 모른다.

불확실한 미래에
대응하는 마음가짐

잠시 고요한 시간을 가지고
나의 경험과 강점과 흥미에 대해 차근히 생각해 보자.
나만의 색깔과 내가 진정으로 원하는 기준을 만들어서
이를 기초로 나만의 인생 여정을 열어 가자.

미국에서 2009년에 개봉한 영화 「인 디 에어」에는 고객사를 도와 직원을 해고하는 '베테랑 해고 전문가' 라이언이 등장한다. 그의 파트너인 나탈리는 야심 있고 학력도 좋으나 사회 경험이 부족한 젊은 직장인이다. 나탈리의 눈에 라이언은 한물간 폭탄이고 라이언의 눈에 나탈리는 당돌한 햇병아리다. 두 사람은 서로에게 거슬리는 상대다. 어느 날, 라이언은 해고 과정을 실제로 보여 주라는 사장의 지침을 받아 나탈리를 데리고 나선다.

밥은 이제 막 해고 통지를 받은 직원이다. 그는 사무실에서 두 아이의 사진을 꺼내 들고 마지못한 얼굴로 말한다.

"아이들 얼굴을 어떻게 보란 말입니까?"

"이 일이 긍정적 효과를 줄 수도 있죠."

나탈리의 대답에 밥은 화가 나서 욕을 한다. 나탈리가 깜짝 놀라자, 이어 라이언이 입을 연다.

"밥, 저는 정신과 의사는 아니고 조언을 하러 온 사람입니다. 아이들이 왜 운동선수를 좋아하는지 아세요? 용감하게 꿈을 좇기 때문이죠."

그 말에 밥이 "전 덩크슛은 못 합니다만" 하고 답하자 라이언이 다시 말을 잇는다.

"대신 요리는 하실 줄 알잖아요. 이력서를 보니 부전공이 프랑스 요리더군요. 레스토랑 아르바이트로 학비를 번 적도 있고요. 그런데 대학 졸업 후에는 이곳으로 취직을 하셨네요…."

라이언은 몸을 앞으로 기울이며 밥을 바라본다.

"꿈을 포기한 대가로 이 회사에서 선생님께 얼마를 주시던가요? 언제쯤 이 일을 그만두고 선생님이 진정 즐길 수 있는 일을 하실 생각이셨나요?"

밥의 표정이 한층 누그러진다.

"좋은 질문이네요."

라이언은 감성 지능을 발휘했다. 어색하던 상황을 단 두세 마디로 바꾸어 놓았고 밥의 마음까지 어루만졌다. 영화 속 이야기지만 깊이 공감하고 감동받았던 장면이었다.

미래가 공중에 떠있는 것 같다면

✦

나도 직원을 해고했던 적이 있었다. 일을 그만두고 이직한 직원도 있었다. 마지막 인사로 나누던 대화는 언제나 이성적으로 흘러갔지만, 분위기는 무거웠다. 아무리 공적인 일이라고 해도 한동안 함께했던 만큼 조금은 슬플 수밖에 없었고 나에게는 일종의 상처이기도 했다. '내가 무언가를 잘못한 건 아닐까?', '직원이 계속 힘들어하지는 않을까?', '애초에 내가 이 직원을 뽑지 않았더라면 어땠을까?'와 같은 여러 생각들이 직원들과 헤어지는 순간마다 들었다.

"이게 어쩌면 더 좋은 기회일지도 모른다"라고 상대에게 이야기하고 싶어질 수도 있다. 하지만 어떤 식으로든 상대가 느끼기에는 가식적인 이야기일 뿐이다. 영화 이야기를 나누던 중 친구가 자신의 경험담을 들려주었다.

"5년 전에 해고를 당했는데 그때 사장도 나한테 '잘 될 거야' 같은 개소리를 했었지. 나중에 느꼈지만 그때 그 일이 정말 잘된 일이긴 했어. 그때 받은 해고 수당으로 새로운 사업에 투자를 할 수 있었거든. 물론 인맥도 충분했고 학력도 좋았으니 운이 좋았지. 내 주변에 나만큼 운이 좋은 동료는 없었어."

그렇다. 좋은 말은 누구나 할 수 있다. 하지만 당사자가 충분히 준비되어 있고 충분한 선택을 할 수 있는 상황이어야 '좋은 쪽으로 생각하는 것'이 진정으로 가능해진다.

밥이 '아이들 얼굴을 어떻게 보란 말이냐'라고 말했을 때, 나탈리는 '이 일이 긍정적인 효과를 줄 수도 있다'라는 지나치게 이성적인 대답을 했다. 이미 길을 잃은 사람에게는 불난 집에 부채질하는 식이다. 그러나 라이언은 '미래'를 뒤로 하고 초점을 '과거'에 두었다. 이력서에서 밥이 요리에 소질 있는 사람이었다는 걸 알아보고 대화를 이끌었다. '한때 꿈이 있었고, 그 꿈을 위한 준비까지 했었는데 왜 도전하지 않느냐'라며 밥을 일깨운다.

직장을 잃은 친구를 위로할 때, 친구의 기분은 미래에 대한 방황과 실망에서 비롯될 가능성이 크다는 것을 알아야 한다. 망가진 미래를 상상하고 있는 친구에게 아무리 생각을 바꿔 보라고 말한들 쓸데없는 이야기일 뿐이다. 하지만 생각의 각도를 바꿔 볼 수는 있다. 친구가 과거에 했던 준비, 공부, 성과 등을 떠올릴 수 있게 도와주면서 자신감을 되살리는 것이다. 어쩌면 그 과정에서 잊을 뻔했던 꿈과 초심까지 이끌어 낼지 모른다.

만일 위로하고자 하는 상대가 나 자신이라면, 미래가 초조하게 느껴질 때 이런 생각을 해봐도 좋다. '과거에 배우거나 경험했던 것 중

유용하게 활용해 볼 만한 것은 무엇이 있는가?', '한때 나 역시 밥처럼 월급 때문에 꿈을 위한 계획을 거두어들여야 했던 건 아닌가?' 하고 말이다. 앞으로 나아갈 길을 바꾸고자 할 때 꿈에 더 가까워지기를 바라는 것은 당연한 일이다. 하지만 너무나 오래 묵혀 놓은 꿈은 한 번에 떠오르지 않을지도 모른다. 그러니 진득하게 자신이 거쳐 온 그간의 길과 마음을 되돌아보는 시간을 가져 보자.

만약 취미나 특기가 없다면 찾아보면 된다. 적지 않은 나이라면 어느 정도 경험이 있을 테니 지금까지의 경력과 깊은 삶의 연륜을 통해 찾을 수 있을 것이다. 하지만 반드시 그 경험을 세심하게 살펴보면서 미래의 내 모습과의 연결성을 생각해 봐야 한다. '애플Apple'의 창업자 스티브 잡스Steve Jobs도 스탠퍼드대의 졸업식 축사에서 이와 같은 이야기를 했다.

"우리는 미래를 내다보면서 점을 이을 수는 없습니다. 오직 과거의 점들을 이을 수 있을 뿐이죠. 따라서 우리의 모든 경험이 미래의 어느 날 서로 연결될 것이라는 믿음을 가져야 합니다. 직감이든 운명이든 업이든 인생이든, 모두 이뤄질 거라고 굳게 믿어야 합니다."

미래의 과학 기술은 과거의 연구를 기반으로 만들어지고, 미래의 산업은 과거의 기초 위에 세워진다. 무너뜨리고 새롭게 만든다고 해도 완전히 0부터 시작하는 것은 없다.

미래가 공중에 떠있을 때, 이렇게 해보면 어떨까? 잠시 고요한 시간을 가지고 나의 경험과 강점과 흥미에 대해 차근히 생각해 보는 것이다. 나만의 색깔과 진정으로 원하는 기준을 만들어서 이를 기초로 나만의 인생 여정을 열어 가자.

과거의 경험을 살펴 미래의 꿈을 세우자. 실현 가능한 목표를 정하고 심호흡한 뒤, 새롭게 출발해 보자.

Accept

살아가며 모든 일을 완벽하게 할 수는 없다.

무엇이든 완벽하게 하려다 결과적으로는 단 하나도 제대로 못할 수 있다.

불균형을 피할 수 없다면 그 상태를 그대로 감싸 안아 주는 건 어떨까?

흔들림 속에서 또 다른 자유를 찾는 여정을 시작해 보자.

2장

불균형을 받아들이는 것이
곧 균형이다

더 나은 내가
되기 위한 탐험

끝없는 탐험으로 우리 삶에 활력과 에너지를 불어넣자.
거듭되는 노력과 진전 속에서 원하는 모습의 내가 되어 삶에 대한 열정을 펼쳐 보자.
마음을 연다면, 우리는 매일 매 순간 탐험을 기꺼이 받아들이며 살아갈 수 있을 것이다.

가끔 SNS를 보면 모험 여행을 떠난 사람들의 이야기가 줄줄이 눈에 들어올 때가 있다. 중남미 우림 지역을 건너는 발걸음이라든지 원시 부족을 담은 기록이라든지 해발 3,500미터의 고산 위에서 호흡이 가쁠 만큼 희박해지는 공기에 대해 써 내려간 글 등이다. 모험의 성격을 띠는 이런 여행은 여행자에게 훗날 두고두고 이야기할 수 있는 추억이자 경험으로 남는다.

SNS 너머의 당신은 모험을 원해 본 적이 있는가? 광활한 풍경 앞에서의 탐험을 꿈꿔 본 적이 있는가? 어쩌면 이미 스스로를 위한 특별한 여행을 계획하고 있을지도 모르겠다.

여기서 생각해 볼 질문이 있다. 우리는 도대체 왜 머나먼 여행과 모험을 그토록 갈망하는 것일까?

꿈을 이루기 위해서일 수도 있고, 어릴 때 지도를 가리키며 "어른이 되면 여기를 꼭 가볼 거야!" 하고 이야기했던 기억 때문일 수도 있다. 그리고 체력적인 한계에 도전하는 과정에서 심리학자 미하이 칙센트미하이Mihaly Csikszentmihalyi가 말한 '몰입', 즉 현재 하고 있는 일에 전심전력을 다해 푹 빠져 있는 상태를 경험하고 싶기 때문일 수도 있다. 여행자가 자신의 생명을 중시하지 않아서 스스로에 대한 도전을 목표로 모험을 떠나는 게 아니라는 것이다. 앞서 언급한 심리학자 에이브러햄 H. 매슬로가 이야기한 '욕구 피라미드'의 최정점, 즉 '자아실현'을 위해서다. 결국 '출발'은 마음속으로 꿈꾸는 나의 모습에 조금 더 가까워지기 위한 것이 아닐까.

탐험의 낭만 중 하나

✦

2018년, 유명한 익스트림 스포츠 선수 천옌보와 감마니아 디지털 엔터테인먼트의 대표 알버트 류Albert Liu, 배우 왕유승, 그리고 20세 청년 두 명이 함께 노르딕 스키를 이용해 지구 최남단인 남극점에 도달한 일이 있었다.

남극은 우리가 사는 곳과 완전히 다른 세계다. 텐트 바깥은 영하 30도의 극저온 날씨에다 텐트 내부 역시 영하 18도의 매서운 추위가 느껴지는 곳이다. 시속 100킬로미터의 강한 바람이 끝없이 불어서 한 발자국 나아가는 데에도 젖 먹던 힘을 다해야 한다. 평온해 보이는 눈밭 곳곳에는 크레바스가 있어 발을 헛디디면 추락할 위험이 있다. 희박한 공기는 마치 해발 4,000미터 고산에 오른 것처럼 숨 한 번 내쉬기도 무척이나 힘겹다.

탐험은 체력적인 도전 외에도 심리적 회복 탄력성을 시험받는다. 출발 전에는 가장 최악의 상황까지 알고 있어야 한다. 예를 들면 극지에 도전한 선수들이 영하 50도의 환경 속에서 동상에 걸리면 사지를 절단해야 한다는 등과 같이 극단적인 상황에서 발생할 수 있는 위험과 과거에 발생했던 상황에 대해 듣는다.

그럼에도 그들은 약 50킬로그램의 짐을 등에 지고 묵묵히 남극을 향해 나아갔다. 넘어지거나 지치거나 동상에 걸리는 일은 다반사였고 설상가상으로 변화무쌍한 날씨가 계속되었다. 뜨겁게 태양이 내리쬐다가 순식간에 급변해서는 앞사람이 보이지 않을 정도로 눈보라가 몰아치는 식이었다.

얼음과 눈으로 뒤덮여 험난한 길을 지나온 지 30일이 흐르자 드디어 극지 탐험이 끝났다. 천옌보는 이번 탐험을 통해 깨달은 바를 이렇게 정의했다.

"탐험의 낭만 중 하나는 달라진 태도와 다짐을 발견하면서 더 나은 내가 되는 것이다."

탐험의 5가지 요소

✦

그들의 남극 원정은 남다른 의미가 있는 탐험이었다. 누가 뭐래도 대원들에게만큼은 굉장히 뜻깊은 여정이었다. 하지만 일반인인 우리들이 더 나은 내가 되기 위해 남극 원정을 계획하기란 쉽지 않다. 본래 체력도 경제력도 다른게 사람인데, 반드시 정상에 도달해야만 혹은 극지나 사막을 넘어서야만 탐험이라고 할 수 있는 걸까?

산 탐험가인 맷 워커Matt Walker가 과거에 공유했던 탐험의 정의에 따르면 전혀 그렇지 않다. 그는 탐험이란 반드시 사람들이 찾지 않는 곳으로만 가야 하는 건 아니며, 미지의 길을 맞닥뜨려도 온 마음과 힘을 다해 몰입하고, 그 안에서 열린 마음으로 배우고 참여하는 것에 핵심 의의가 있다고 말했다.

맷 워커는 그 어떤 도전도(산과 바다를 오르내리든 매일 작은 탐험을 하든) 다음의 5가지 요소만 갖추고 있다면 그 또한 충분히 탐험이라고 이야기한다.

① 끝없는 노력

먼저 탐험은 더 높고 더 먼 각도에서 '나는 누구인가', '나는 어떻게 살고 싶은가' 그리고 '나는 이 세계를 위해 무엇을 할 수 있는가'에 대해 사고하고 그에 기반한 노력을 기울이는 과정이 필수 요소라고 할 수 있다.

② 온 마음을 쏟는 몰입

진심으로 원해서 도전을 하고 성공을 향해 달려야 탐험이라고 할 수 있다. 그렇다고 전력을 다해 몰입한다는 것이 무작정 혹은 저돌적으로 달린다는 뜻은 아니다. 꽉 찬 자신감과 확고한 신념을 갖고 도전에 맞서는 것이 중요하다.

③ 예측 불가능한 미지의 길

결과를 예측할 수 있다면 그건 탐험이라고 할 수 없다. 롤러코스터 정도랄까? 스릴은 있지만 탐험은 아닌 것이다. 생각해 보면 삶은 본래 불확실성으로 가득하지 않은가? 굳이 시간을 들여가며 그 사실을 거부하거나 주변의 모든 것을 통제하려 애쓰느니 차라리 태연하게 이 사실을 받아들이고 불확실함이 주는 즐거움을 누려 보자. 수많은 변화와 난관이 눈앞에 들이닥치겠지만 동시에 이런 변수가 있어 우리 삶에는 더 많은 가능성이 열린다.

④ 역경에 맞설 수 있는 회복 탄력성

탐험에 고난은 필수다. 역경은 한발 물러서는 연습을 할 수 있는 또 하나의 기회다. 그리고 인간으로 산다는 것은 영화에서나 볼 수 있을 듯한, 말도 안 되는 상황에 놓이기도 한다는 사실을 알게 되는 과정이기도 하다. 피해 갈 수 없는 고난이라면 차라리 끌어안고 계속 걸어 보자. 마음을 열면 재치 있게 웃어넘길 수 있다. 비로소 위기를 마주하며 풀어 갈 수 있고 더 나아가 역경이 온 것에 감사할 수도 있다.

⑤ 함께 걸어갈 아름다운 동료

탐험은(심지어 행복한 삶도) 동반자가 있어야 하고 팀워크가 필요한 일이다. 서로의 응원이 있기 때문에 우리는 삶에서 더 많은 즐거움과 감사해야 할 것들을 찾을 수 있다.

탐험은 극한의 운동이나 어떤 대담한 행위를 하는 것이 아니다. 일종의 삶에 대한 태도이며 생활 방식이다. 예를 들면 무언가 망설여지는 상황을 맞닥뜨려도(오랫동안 야외 촬영을 꿈꾸었지만 기자재 비용이 부담스러워 시작하지 못하고 있는 것처럼) 결국은 앞만 보고 달리기로 용기를 내는 것이다.

끝없는 탐험으로 우리 삶에 활력과 에너지를 불어넣자. 거듭되는 노력과 진전 속에서 원하는 모습의 내가 되어 삶에 대한 열정을 펼쳐 보자. 마음을 연다면, 우리는 매일 매 순간 탐험을 기꺼이 받아들이며 살아갈 수 있을 것이다.

탐험심을 장착하는 데 성공했는가? 그렇다면 우리 모두 끝없이 이어지는, 크고 작은 탐험을 통해 점차 더 나은 내가 되기를 소원해 본다.

시간의 포로가
되지 않으려면

———

'건강한 심리 시간관'이란 과거에 대한 그리움, 현재에 대한 몰두,
미래에 대한 기대가 하나의 중심축이 되어 삶이 이어지고,
동시에 머릿속에서는 유연하게 공존하는 것이다.

요 몇 년간, 인기의 상승과 하락을 오가는 연예인들을 많이 보았
다. '한때 인기를 누렸다'라는 사실이 그들에게는 가장 힘겨운 상황이
아닐까 한다. 연예인들만 이런 고통을 겪을까. 사실 우리 주위에는 과
거의 추억 속에 갇혀 사는 사람들이 많다. 내 친구 중에는 만날 때마
다 결혼 전 싱글 시절을 그리워하는 친구도 있다.

"그때 진짜 장난 아니었잖냐! 한 번 집 나가면 사흘은 외박도 가능
했지. 그때는 시간이면 시간, 체력이면 체력까지 없는 게 없었다고⋯.
지금처럼 사랑이라는 무덤에 누워 죽는 날만 기다리지는 않았다니

불균형을 받아들이는 것이 곧 균형이다

까!"

뿐만 아니라 그때 듣던 노래가 더 좋았다는 둥, 그때 만났던 여자들이 더 예뻤다는 둥 끝이 없다. 그때마다 맞장구를 쳐주긴 했지만 친구가 과거를 너무 미화하고 있다는 느낌을 지울 수가 없었다. 친구에게 지나간 날의 기억은 다채롭고 현재의 삶은 흑백인 듯했다.

이와는 정반대인 사람도 있다. 과거에 받았던 설움부터 시작해 손해 봤던 일, 나를 기분 상하게 만들고 폐를 끼쳤던 사람 등에게 집착하는 것이다. 이제는 아무 근심 걱정 없이 살면서도 마음은 영원히 과거 속에 갇혀 지난날의 기억에 입가를 죽 늘어뜨리고 산다. 내 기억으로는 주로 어르신들이 그랬다. 예를 들어 장모에 대해 불평하던 한 친구가 있었다. 장모는 가진 게 많은 귀부인이라고 할 수 있는 사람이었다. 그런데도 툭하면 옛이야기를 끄집어낸다고 했다. 화만 났다 하면 주위에 있는 가족들을 나무랐다. 딸이 외국 유학을 다녀오더니 변했다며, 침대에 앓아누워 있어도 자신을 돌봐 준 사람이 없었다는 둥 전부 과거형의 이야기였는데 그것도 한껏 과장된 과거였다. 딸은 모욕에 입을 꾹 다물었고 남편은 고래 싸움에 새우 등 터진 격이 되었다. 결국 친구는 매년 명절 때만 되면 진정제를 복용한다.

그들은 '시간의 포로'가 되어 과거의 행복과 상처에 갇혀 산다.

우리는 모두 시간 여행자다. 언제나 과거의 기억과 현재의 경험, 그리고 미래에 대한 기대에 따라 판단과 결정에 필터를 입힌다. 과거에 치중하는 사람이 있고 미래에 치중하는 사람도 있으며, 현재와 순간의 즐거움을 선택하는 사람도 있다. 스탠퍼드대 심리학 교수 필립 짐바르도Philip Zimbardo가 이야기한 '시간관'에 따르면 사람은 시간관넘에 따라 크게 6가지 유형으로 구분된다.

- 과거 부정적Past-negative 시간관
- 과거 긍정적Past-positive 시간관
- 현재 숙명론적Present-fatalistic 시간관
- 현재 쾌락적Present-hedonistic 시간관
- 미래 지향적Future 시간관
- 초월적인 미래 지향적Transcendental-future 시간관

과거 부정적 시간관 유형에게 과거는 재난이다. 과거의 실수 때문에 이후의 삶에 천추의 한이 이어졌다고 생각한다. 이 유형은 자주 우울감을 느끼거나 자신감이 부족한 데다 자기 제어를 잘하지 못하는 사람들이 많다.

과거 긍정적 시간관 유형은 추억에 자주 빠져드는 사람들을 말한다. 앞 유형에 비해 비교적 밝고 우호적이다. 하지만 지나치게 과거에만 빠져 있어 현재의 순간에는 의욕을 잃기도 한다. 심하면 과거에 대한 그리움으로 현실을 벗어나려 할 수도 있다.

현재의 삶에 어떠한 진전도 없고 만사가 잘 안 풀린다고 생각하는

사람들은 현재 숙명론적 시간관 유형에 속한다. 막막함을 느끼거나 특히 걱정과 우울에 휩싸이기 쉬우며 충동적인 결정을 내릴 때가 많다.

반면 현재 쾌락적 시간관 유형은 현재를 오롯이 살기 때문에 활력이 넘친다. 하지만 충동적일 때가 많고 일시적인 열정에 불타올라 작심삼일로 끝나는 경우가 많다. 이 유형이 마주할 수 있는 최악의 상황은 현재의 쾌락에만 빠져 뒷감당은 생각하지 못한다는 것이다.

미래 지향적 시간관 유형은 내일을 생각한다. 계획 세우기를 즐기고 야심이 있으며 목표 지향적이다. 하지만 지나치게 미래에만 몰두하기 때문에 현재를 즐기지 못할 때가 많다. 심지어는 주변 친구들과의 관계에 소홀해지기도 하고 자기 자신에게 과도한 스트레스를 주기도 한다.

마지막으로 초월적인 미래 지향적 시간관 유형은 주로 종교인에 해당하며, 현세보다는 사후를 더 중요하게 생각하는 경향이 있다. 미래에 생길 수 있는 결과를 늘 염두에 두는 유형이다.

당신은 어느 유형에 속하는지 생각해 보자. 나아가 일상 속에서 6가지 유형의 시간관을 유연하게 활용해 보라. 예를 들어, 잘못된 결정 앞에서 사무치는 후회에 빠져들기보다 미래의 가능성에 전념해 본다. 미래에 대한 계획이 너무 신경 쓰일 때는 과거를 추억하는 재미를 조금 키워 본다. 삶이 무미건조하게 느껴진다면 현재를 즐길 줄 아는 친구들을 만나 순간을 즐기고 현재를 손에 쥐는 즐거움을 배워 본다.

우리 삶에는 저마다의 운명이 있고, 시간에 대한 가치관 역시 서로 다를 수밖에 없다. 그러므로 나를 충분히 성장시킬 수 있는 마음 상태를 찾는 데 목적을 두어야 한다. 이와 관련하여 짐바르도 교수는 "우리에게 필요한 건 미래를 보는 두 눈과 현재에 온전히 집중하고 즐길 수 있는 심리적 공간, 그리고 과거의 경험 속에서 긍정적인 동력을 찾아내는 것이다"라고 조언한다.

'건강한 심리 시간관'이란 바로 이런 것이다. 과거에 대한 그리움, 현재에 대한 몰두, 미래에 대한 기대가 하나의 중심축이 되어 삶이 이어지고, 동시에 머릿속에서는 유연하게 공존하는 것. 이러한 경지에 이를 수 있다면 당신의 인생은 무척이나 여유로워질 것이다.

균형 잡힌 인생은
존재하지 않는다

———

살아가며 모든 일을 완벽하게 할 수는 없다.
무엇이든 완벽하게 하려다
결과적으로는 단 하나도 제대로 못할 수 있다.

언젠가 '균형'이라는 주제에 관한 아주 재미난 강연 영상을 본 적이 있다. 강연이 시작되자 강연자는 무대에서 물구나무서기를 한 채로 관중을 바라보며 말했다.

"우리는 오늘 균형에 대해 다른 각도에서 이야기해 보려 합니다! 여러분은 지금 제가 물구나무서기를 한 모습을 보고 계시는데요, 편해 보이나요? 하나도 안 편해 보이죠! 저는 지금 수시로 제 몸을 움직여서 조절해 줘야 넘어지지 않습니다. 자유롭게 자리를 옮길 수도 없고요."

이어서 그는 훌쩍 돌아내리더니 무대 위에 선 상태로 말을 이어
갔다.

"우리는 누구나 살면서 삶의 균형을 이루고자 합니다. 그게 옳은
거라고, 심지어는 그게 인생의 목표인 것처럼 주입되어 왔죠. 하지만
솔직히 말씀드리면, 그건 불가능한 일입니다!"

나는 이 오프닝에 무척이나 공감했다. 사회에 발을 들인 후 나는
줄곧 이러한 균형을 찾고자 했다. 한참을 허우적대고 궁리한 끝에 내
린 결론은 강연자와 같았다. '균형 잡힌 인생'은 원래부터 존재하지
않는다.

완벽한 균형이란 없다

◆

완벽한 균형을 얻는다는 것은 불가능하다. 왜냐하면 인생은 변수
로 가득하기 때문이다. 나의 삶과 일이 드디어 균형을 이루고 '심리
적 안정'을 느끼는 순간 하늘은 내게 또 다른 변화구를 던진다. 우리
는 또다시 다급한 마음으로 임기응변을 발휘해 위기를 처리해 나가
야 한다.

평범해 보이는 인생도 끊임없이 바쁘게 돌아간다. 얻는 것이 있으
면 반드시 잃는 것이 있듯 한쪽에서 원하는 것을 이루면 다른 한쪽은
실망하게 된다. 살아가며 모든 일을 완벽하게 할 수는 없다. 무엇이든

불균형을 받아들이는 것이 곧 균형이다

완벽하게 하려다 결과적으로는 단 하나도 제대로 못할 수 있다. 그렇다면 이렇게 생각해 볼 수 있겠다.

불균형을 피할 수 없다면, 생각을 바꿔서 그 상태를 감싸 안아 주는 건 어떨까?

처음 달리기를 시작했을 때, 나는 쉽게 지쳤다. 발과 다리가 욱신거리고 아팠다. 그런 나에게 코치가 말했다.

"선생님이 힘든 이유는 몸이 계속 중력과 싸우고 있기 때문이에요. 발을 써서 앞으로 이동하는 동시에 발꿈치는 몸을 멈춰 서게 하죠. 이때 발꿈치가 신체의 무게를 고스란히 떠받치면서 앞으로 이동하는 힘이 줄게 돼요. 이렇게 한번 해보세요. 몸을 앞으로 살짝 기울여서 몸이 자연스럽게 중력을 따라가도록 한 뒤에 발이 몸을 쫓아가도록 하는 거예요."

나는 코치의 조언대로 꼬박 2주간을 연습했다. 처음에는 좀처럼 익숙하지 않아서 금방이라도 넘어질 것 같았다. 하지만 차차 감을 잡았고 이 방법의 장점을 깨닫기 시작했다. 몸이 앞으로 기울어질 때 우리는 넘어지지 않기 위해 손발을 앞으로 뻗게 된다. 자연스러운 반응이다. 이때 큰 걸음으로 발꿈치를 착지시키지 말고 발바닥으로 통통 바닥을 튕기듯 하면 몸이 자연스럽게 앞으로 계속 나아간다.

사실 이것은 일부러 균형을 깨는 것이다. 하지만 이 방법을 활용하면 중력을 앞으로 나아가는 동력으로 전환시킬 수 있다. 코치는 이렇게 덧붙였다.

"자세가 정확하면, 달릴 때는 진짜 넘어질 것처럼 느껴져도 오히려 달리기의 효율은 더 올라가죠!"

정말 그랬다. 이 방법을 배우고 나서는 언덕길도 훨씬 수월하게 올라갈 수 있었다.

균형을 잃었을 땐 잃은 대로의 의미가 있다

✦

다시 우리 삶으로 돌아와 생각해 보면, 균형을 잃어버린 상태는 그 자체로 아주 큰 힘을 가진다. 저항하는 대신 이 에너지를 슬그머니 활용해 보자. 예컨대 나는 달리기를 하고 나면 몸은 피곤하지만 오히려 정신은 맑아진다. 이때는 전화 업무를 하기에 딱 좋다. 한차례 전화를 돌리고 나면 조금 지루해지고 머리가 과열되는데 또 이때는 뚱땅거리며 음악 작업을 하기에 좋다. 작업 후 기분이 다소 고조되면 이때는 아이들과 놀아 주기에 딱이다.

이제 보니 가정과 일, 취미와 직업, 사회생활과 개인, 신체와 영혼 이 모든 것이 시계추의 양 끝과 닮았다. 리듬을 잘 타고 있다가 균형을 잃은 듯할 때 시계추를 따라 그에 맞는 일을 해보자. 대립하고 있던 상황이 서로를 보완해 주고, 흔들림 속에서 또 다른 자유를 찾을 지도 모른다.

나만의 스타일을
찾는 심리 습관

주변의 모든 것을 '엄격하게 가려내는' 태도로 바라보면서,
만져 보고 느껴 보고 음미하다 보면
아름다움에 대해 조금 더 예리한 감각을 갖게 되고
진정한 나만의 스타일을 찾을 수 있다.

　　아주 유명한 심리학 실험이 하나 있다. 영화관을 찾은 관객들에게
팝콘을 나눠 주고 영화 한 편이 끝날 때까지 팝콘을 얼마나 먹는지
관찰한 실험이다. 실험자는 이 실험을 통해 팝콘이 담긴 통이 크면
클수록 사람들의 먹는 양 또한 많아진다는 것을 발견했다. 팝콘 맛의
종류와는 아무 상관도 없었다.

　　영국의 역사학자 시릴 파킨슨Cyril Northcote Parkinson은 "업무는 완수
하는 데 필요한 시간을 채울 때까지 무한하게 확장된다"라고 말한 바
있다. 이것을 그의 이름을 따 '파킨슨의 법칙Parkinson's Law'이라고 한

다. 직장에서 우스갯소리로 하는 이야기지만 반박할 수 없는 사실이 기도 하다.

소비 경제 측면에서도 마찬가지다. 선택할 수 있는 것이 다양해지고, 집 안의 공간이 커질수록 소비자는 더 많은 물건을 사게 된다. 물건의 질과는 상관이 없다. 잡동사니는 수납 가능한 공간이 전부 채워질 때까지 무한히 늘어난다. 이를 앞의 법칙 이름을 활용해 '파킨슨의 잡동사니 법칙'이라고 불러도 좋겠다.

감정을 있는 그대로 받아들이는 마인드풀니스

✦

'물극필반物極必反(사물의 전개가 극에 달하면 반드시 반전한다는 뜻이다-옮긴이)'이라는 말이 있다. 집안이 혼잡하면 마음이 불편해진다. 한때 일본에서 '단사리斷捨离('끊고, 버리고, 떠나기'라는 뜻으로 2011년 일본에서 유행하기 시작한 개념이다. 불필요한 것을 끊고 버리고 집착에서 벗어난다는 의미의 정리법이다-옮긴이)'가 인기 있는 키워드로 주목받고 2019년에 넷플릭스Netflix 오리지널 시리즈로까지 만들어지게 된 이유다. 곤도 마리에Marie Kondo의 「곤도 마리에: 설레지 않으면 버려라」는 한때 2019년도 최우수 리얼리티 프로그램 부문 후보에 오르기도 했을 정도로 큰 인기를 끌었다. 나는 일본 이민자 부부가 출연했던 장면을 보았다. 출연자는 어릴 때부터 모은 크리스마스 장식품을 지하실의 여가 활동방, 거실, 욕실 등 온 집안에 한가득 쌓아 놓고 있었다.

"이걸 보면 어떤 기분이 드나요?"

곤도 마리에의 말에 출연자는 대답한다.

"지금 이렇게 쌓여 있는 모습을 보면 별 느낌이 없지만 잘 정리해 놓고 보면 뿌듯하고 기쁘죠. 방 3개를 꾸미려면 이 정도는 필요해요."

이 말에 곤도 마리에는 "설레지 않으면 버려야 한다"라고 말한다.

집주인과 함께 정리를 할 때마다 곤도 마리에는 적당한 곳에 꿇어 앉는다. 그러고는 집주인에게 자신과 함께 이 공간에 대해 조용히 '감사'의 인사를 하자고 청한다. 물건을 정리할 때도 집주인에게 물건을 가슴 앞으로 가져다 쥐고 이 물건이 나를 설레게 하는지, 기쁨을 느끼게 하는지 가만히 느껴 보라고 이야기한다. 만약 그렇지 않다면 그때도 두 손으로 물건을 감싸 쥐고 그동안의 인연에 감사하다는 인사를 한 뒤에 버리라고 말한다.

이러한 제안에 집주인은 주저하는 눈빛을 한다. '어수선한 거실'이나 '낡은 티셔츠', '몇 년 전에 산 크리스마스 장식품' 등은 보통의 미국인이 일상적으로 생각할 수 있는 기도의 대상이 아니기 때문이다. 입을 삐죽하고 웃으며 진지하게 받아들이지 않는 사람들이 있는가 하면 진심으로 마음을 가라앉히고 공간과 물건을 느끼다가 침묵 후에 감격을 하거나 심지어는 눈물을 흘리는 사람들도 있었다.

새삼스럽게만 보이는 이 의식은 왜 효과가 있는 걸까? 곤도 마리에는 일본의 종교인 신도神道의 영향을 받아 만든 의식이라고 했지만 내 눈에는 '정관靜觀'의 기법이 보였다.

정관은 '정념正念'과 같은 의미다('정관'과 '정념'의 영어식 표현은 '마인드풀니스mindfulness'로 의미상 같은 개념이다. 다만 보통 홍콩에서는 '정관', 대만에서는 '정념'으로 표현한다─옮긴이). 단지 '마음을 가라앉히고 비판 없이 바라본다'라는 핵심 이념이 글자 표면에 조금 더 정확히 드러나 있을 뿐이다. '비판 없이 바라보기'는 말로는 쉽지만 막상 해보면 어렵다. 우리가 어떤 일을 바라볼 때는 나의 생각이 끼어들 수밖에 없기 때문이다. 특히 불만스러운 일일수록 더욱 그렇다.

그런데 때로는 이렇게 불만스러운 감정에 거부감이 생길 때가 있다. 불만스러운 상황이 내 행동에서 비롯된 것일 때는 거부감과 함께 불편한 감정까지 생긴다. 결국 중요한 지점은 회피해 버리고 이면에 있는 진짜 원인을 볼 수 없게 된다는 것이다. 좋은 감정이든 나쁜 감정이든 마음을 열고 현재 상태를 받아들이자. 심리적 방어에서 벗어나는 가장 좋은 방법은 불평이 아니라 '감사'다.

감사하는 마음은 나와 어떤 일 사이의 관계를 변화시키고 결국 그 일을 마음으로 더욱 쉽게 받아들이게 한다. 받아들였기 때문에 더욱 깊이 느낄 수 있고, 깊이 느꼈기 때문에 진정한 마음의 소리를 좀 더 쉽게 구분해 낼 수 있다. '소중히 여겨야 할 것'과 '버려도 좋은 것' 역시 마음의 소리가 알려 줄 것이다.

마인드풀니스와 소비의 결합, 마인드풀니스 쇼핑

◆

정관은 동방의 오랜 지혜에서 왔지만 아시아인인 우리에게도 그다지 익숙한 개념은 아니다. 그래서 더욱 실천하기 어려운 대부분의 현대인들은 무턱대고 소비하거나 무작정 물건을 쟁여 놓으며 살아가는 경향이 있다.

설레지 않으면 버리라는 정리법 이면에는 자신이 가진 모든 물건을 소중히 하라는 가르침이 담겨 있다. 나를 설레게 하는 물건들만 남기고 나 또한 모든 물건에 마음을 다하라는 가르침이다.

감사의 마음을 갖고 비판 없이 바라보는 정관, 즉 마인드풀니스는 단사리를 하는 데에 아주 좋은 연습이 된다. 쇼핑을 할 때도 시도해 볼 수 있다.

'소비하는 순간의 느낌을 가만히 바라보는' 일명 '마인드풀니스 쇼핑'이다. 예를 들어 옷을 한 벌 들고 계산대로 갈 때 일단 멈춰 서서 '이 옷을 구매하는 게 나에게 어떤 느낌을 주는가? 손에 들고 있는 이 옷이 나를 충분히 설레게 하는가?' 스스로 질문해 본다. 만약 이에 대한 대답이 "아니오"라면 '왜 사려고 하는지' 묻고, "예"라면 한 단계 더 나아가 '왜 설레게 하는가?'를 묻는다. 이에 대한 대답이 '저렴한 가격'이라면 바로 제자리에 갖다 놓는다. 생활필수품이 아닌 이상 물건을 구매하는 주된 이유가 '저렴함'이 돼서는 안 되기 때문이다. 정말 필요한 것이라면 논외로 해야겠지만, 물자가 풍부한 시대에 살고 있는 우리가 대비책으로 물건을 쟁여 두어야 할 일은 없다.

난생처음 대형 매장이나 특별 세일 코너에서 물건을 저렴하게 구매했을 때 기가 막힌 희열과 쾌감을 느껴 본 적이 있을 것이다.

"세상에! 여기는 우유 여섯 통을 세 통 가격으로 파네, 그것도 제일 큰 우유잖아. 가성비 최고다!"

"와! 이 신발 원래는 100만 원인데 지금은 반값이래. 완전 돈 버는 거잖아!"

하지만 잔뜩 사서 짊어지고 집에 돌아오는 것도 잠시, 얼마 지나지 않아 환멸을 느끼게 된다. 꽉 찬 냉장고는 못 본 채 지나칠 수가 없고, 유통기한이 지난 우유는 쓰레기통 신세가 된다. 왜 과자는 저렇게 큰 봉지로 잔뜩 사다 놓은 건지, 전에 쓰던 샴푸가 질려서 다른 브랜드의 샴푸를 샀는데 왜 수납장 속에 아직도 두 통이나 남아 있는지, 옷장은 옷으로 미어터지는데 왜 입을 만한 옷은 없는지, 심지어 아직 라벨도 떼지 않은 양복은 도대체 왜 산 건지…. 이런 풍경들을 보면 답답하기 그지없다. 당시에는 도대체 어떤 마음으로 저것들을 샀을까? 다시 그때로 돌아간다면 그래도 저걸 전부 사게 될까?

'사는 게 버는 것'이라는 이야기를 들을 때마다 점원에게 "난 지금 돈을 쓰고 있는데 그럼 언제 벌 수 있는 겁니까?"라고 되묻고 싶다.

결론적으로, 불필요한 물건을 무작정 사들이다가 어느 날 팔을 건

어붙이고 갖다 버리느니 차라리 처음부터 좀 더 제대로 판별할 수 있도록 스스로 훈련하는 것, 이것이 바로 마인드풀니스 쇼핑의 개념이라 할 수 있다.

마인드풀니스로 '지름신'을 떠나보내자

◆

오래전, 뉴욕의 아웃렛 센추리 21 Century 21에서 쇼핑하던 때의 일이다. 디자인이 화려하고 독특하나 입기에는 조금 불편해 보이는 가죽옷이 있었다. 나는 그 옷을 한 번 걸쳐 보고 나서 다시 걸어 두고 매장을 한 바퀴 돌았다. 그런데 한 남자가 그 가죽옷을 입어 보았다. 그는 친구들에게 "이 옷 멋지다"라며 한 벌밖에 안 남았다고 말하다가, 가격표를 보고는 난처한 얼굴로 다시 옷걸이에 걸었다.

그가 친구들과 매장에서 나간 뒤, 나는 곧장 그 가죽옷을 가져다가 계산했다. 그러나 지난 몇 년간 내가 그 옷을 몇 번이나 입었는지 생각해 보면 대략 두 번쯤 되겠다. 도저히 불편해서 입을 수가 없었다. 말 그대로 빛 좋은 개살구였다.

가죽옷을 볼 때마다 당시의 기억이 떠오른다. 굳이 살 필요가 없는 옷이었다. 그때 조금만 더 냉정하게 이 옷이 정말 마음에 드는지 생각해 보고 제대로 입어 보았더라면 마지막 남은 한 벌을 낚아채 가듯 사느라 돈 낭비를 하지는 않았을 것이다.

이제부터는 물건을 살 때, 잠시 마음을 가라앉히고 자신의 심장 소리를 느껴 보면서 자문해 보자. 지금 나는 어떤 감정이 드는가? 흥분된다면 정말 이 물건이 마음에 들어서인가? 나의 필요에 완벽하게 부합하는 물건인가? 아니면 지금 내가 사지 않으면 다른 사람이 사 갈까 봐 걱정되는 건 아닌가? 친구가 부추겨서인가? 아니면 옆에서 오랫동안 안내해 준 점원에게 미안해서인가? 돈을 아꼈다는 '뿌듯함'과 세일 앞에서의 '조급함'이 더해져서 빨리 뛰는 심장을 설레는 것으로 착각한 것은 아닌가? 그 때문에 '그럭저럭 입을 만한' 옷이라는 진실까지 묻어 버린 것은 아닌가?

대형 매장에서 24개들이 주스를 힘겹게 옮기는 일이 생기면 잠시 멈춰 서서 스스로에게 물어보자. 즉각적으로 소비할 수 있는 양인가? 아니면 이걸 몇 년 안에 다 먹을 수 있을지 모르겠으나 돈을 아낄 수 있다는 것을 위안 삼아 구매하고 있는 것인가?

우리가 마인드풀니스를 활용해 나의 행동을 냉정하게 바라볼 때 조금 더 의식적으로 소비를 조절할 수 있다. 나의 주머니와 기회를 진정으로 나를 감동하게 할 만한 물건에 남겨 둘 수 있다. 주변의 모든 것을 '엄격하게 가려내는' 태도로 바라보면서, 만져 보고 느껴 보고 그 물건의 좋은 부분과 좋은 느낌을 음미하다 보면 좀 더 세세한 부분까지 보인다. 아름다움에 대해 조금 더 예리한 감각을 갖게 되고 진정한 나만의 스타일을 찾게 될 것이다.

매 순간 냉정하고 침착하게 바라보면서 가장 설레는 것들만 내 삶으로 이끌어야 파킨슨의 잡동사니 법칙을 피할 수 있다. 그리고 곤도 마리에를 집으로 초대할 일도 없을 것이다.

결심은
출발 의식이다

우리는 누구나 지구력을 갖고 있다.
하지만 그보다 더 필요한 건 '굳은 결심'이다.
이 굳은 결심이 '출발 의식'이 되어 준다면
그 또한 굉장히 가치 있는 일이다.

영화 「매트릭스」를 기억하는가? 극 중 모피어스라고 불리는 인물
은 주인공 네오에게 파란색과 빨간색 알약을 보여 주며 말한다.

"만약 파란색 약을 먹는다면, 너는 잠에서 깨어나 네가 살던 평온
한 곳에서 이전처럼 믿고 싶은 것만 믿으며 살면 돼. 하지만 빨간색
약을 먹는다면, 잠에서 깨고 난 후에는 이상한 나라의 앨리스가 토끼
굴에 빠졌을 때와 같은 세상에 남게 될 거야."

이 영화는 많은 이들에게 큰 영향을 끼쳤다. 젊은 마케팅 매니저
로버트 리치먼Robert Richman도 그중 하나였다.

불균형을 받아들이는 것이 곧 균형이다

당신이 원하는 대로 이뤄지는 알약

✦

로버트가 미국의 '버닝 맨' 축제에 참여했을 때의 일이다. 그는 알약처럼 생긴 빨간 사탕을 약병에 담아서 참석자들에게 하나씩 나눠 주며 말했다.

"자, 당신이 「매트릭스」 속 주인공이라고 상상해 보는 겁니다! 이 빨간 약을 먹고서 어떤 세계로 가고 싶으세요? 어떤 초능력을 갖고 싶으신가요?"

당시 로버트가 약을 나눠 준 건 사람들과의 서먹함을 없애 보고자 하는 순수한 의도였다. 그리고 이것은 약이 아니며 사탕일 뿐이라고 분명하게 일러 주기도 했다. 그러나 축제가 끝나고 모두가 평범한 일상으로 돌아간 후, 로버트에게 연락하는 사람들이 하나둘 생겨나기 시작했다.

"그때 준 사탕, 아무런 약효가 없는 일반 사탕이 맞나요? 그 사탕을 먹고 나서 뭔가 달라진 것 같아서 말이에요!"

로버트는 순수하게 심리적인 효과일 뿐이니 오해해선 안 된다고 설명하느라 바빴다. 하지만 로버트를 찾는 사람들은 점점 늘어만 갔다. 모두가 '약효 없는 신기한 알약'을 필요로 했다. 심리 상담사인 로버트의 친구도 놀라운 이야기를 했다.

"나도 요즘 환자들에게 그 알약을 주기 시작했어. 그런데 놀랍게도 눈에 띄는 변화가 있더라고!"

그 후, 로버트는 아무런 약효가 없는 알약 형태의 'Xpill'을 정식으로 출시했다. 이 알약은 마치 처방받은 것처럼 약병 안에 담겨 있는데, 약병에는 '본 제품은 아무런 약효가 없는 것으로 유일한 효과는 당신에게 있다'라는 내용이 명시되어 있다.

이렇듯 'Xpill'은 가짜 약임을 명확히 밝혔다. 유일한 효과는 복용자의 마음 상태에 달려 있는 것이다. 약이 담긴 상자에는 상세한 매뉴얼이 동봉되어 있다. 복용자는 매뉴얼을 바탕으로 자신이 원하는 효과를 설정하고 알약에 자신이 원하는 의미를 부여할 수 있다. 예를 들어 미루기 병을 고치고 싶다면 이렇게 말해 보는 것이다.

"이 약을 먹으면 더 이상 미루지 않게 될 거야!"

그리고 나서 약을 먹고 기적이 일어나길 기다리면 된다.

뜬금없는 이야기라고 생각할 수도 있다. 얼떨결에 약을 발명한 로버트도 미스터리라고 말한다. 그러나 그의 홈페이지에는 사용자들의 증언이 넘쳐난다. 한 배우는 'Xpill'을 먹고 무대 공포증이 없어졌다고 했고, 어느 젊은 고객은 'Xpill' 덕분에 인생의 방향을 정할 수 있었다고 말한다. 자신이 책 한 권을 써낼 수 있었던 것은 'Xpill'의 힘 덕분이라고 이야기하는 작가도 있었다.

이 알약이 가진 힘이란 무엇일까? 그건 분명 나 자신에게서 비롯된 힘일 것이다.

이를 '플라세보 효과placebo effect'라고 한다. 그 자체로는 치료 효과가 전혀 없는 약물이나 치료법임에도 환자 자신이 그 효과를 느끼거나 믿음으로서 병이 호전되는 효과를 뜻한다. 의학계와 심리학 연구 중 가장 보편적으로 나타나면서도 또 가장 설명이 불가능한 현상으로 알려져 있다.

신약이 출시되기 전에는 반드시 '위약 대조군'을 통한 임상 시험을 거친다. 두 그룹으로 나누어 한 그룹에게는 진짜 약을 주고 다른 그룹의 환자에게는 약처럼 보이나 실제로는 약효가 없는 '위약'을 주어 추적 관찰을 지속하는 것이다. 거의 매 시험에서 두 그룹의 환자들 모두 호전을 보였다. 진짜 약이 위약보다 눈에 띄는 효과를 보이는 경우에만 '이 약이 정말 효과가 있다'라고 할 수 있는데, 사실 대부분의 약은 위약보다 그저 조금 나은 수준의 효과를 보였다. 특히 우울증 치료에 쓰이는 '선택적 세로토닌 재흡수 억제제SSRI' 약물 중 하나인 '프로작Prozac'은 위약이 보이는 약효와 거의 차이가 없다.

과거에는 위약을 복용한 환자가 자신이 진짜 약을 먹었다고 생각하기 때문에 약에 대한 강한 기대감이 뇌를 속여서 효과를 느끼는 것이라고 생각했다. 하지만 그 후 심리학자들이 발견한 의외의 사실은 가짜 약이라는 것을 알고 복용해도 효과를 경험하는 사람들이 많다는 것이었다.

로버트는 자신이 기대하는 약효를 정해 두고 'Xpill'을 '아주 의식적으로' 삼킬 때, '이 약을 삼키는 것은 약이 상징하는 의의를 함께 삼키는 것이며, 나는 이것을 받아들이고 내재화하겠다'라는 메시지가 잠재의식으로 전달되는 것이라고 말한다. 바꿔 말해 우리가 달라지겠다는 결심을 하면 '약을 삼키는' 행동 하나만으로도 심리 작용이 일어날 수 있다는 뜻이다.

불가사의하지 않은가? '눈 가리고 아웅'이라고 생각할지도 모른다. 하지만 좋은 효과를 볼 수 있다면 이 믿음의 힘을 이용해 봐도 좋지 않을까? 나를 바꾸고 싶어서 버둥대던 와중에 작은 원동력이 되는 방법이 하나 더 생기는 것이니 해보지 못할 이유가 없지 않은가. 내가 들여야 할 노력을 전부 기울인다는 전제하에 말이다.

나만의 출발 의식을 만들자

✦

'무슨 일이든 시작이 어렵다'라는 말이 있다. 우리는 누구나 지구력을 갖고 있다. 하지만 그보다 더 필요한 건 '굳은 결심'이다. 이 굳은 결심이 '출발 의식'이 되어 준다면 그 또한 굉장히 가치 있는 일이지 않을까?

인터넷을 찾아보니 'Xpill'의 3개월분 가격은 400달러이다. 언뜻 보면 납득이 잘 안 되는 가격이지만 실제 이용자들은 만족하는 거래다. 그 안에 특별한 비법은 없다. 그저 도구로써 이용할 뿐이다. 우리도 일상에 이러한 의식을 하나 만들어 둘 수 있다. 제자리에서 세 바퀴 돌기, 심호흡 한 번 하기 등등. 이런 것들이 하나의 의미 있고 의식적인 행위가 된다면 어느 정도 효과를 볼 수 있을 것이다.

자기 자신을 실험 대상으로 삼아도 좋다. 사탕 하나를 준비해서 의미를 부여한 뒤 그것을 삼키는 것이다. 나 역시 사탕을 하나 먹고서 이 글을 쓰고 있다.

효과는 어땠을까? 이 글을 완성했으며, 달콤한 맛은 덤이다.

중독을 치료하는
3가지 단계

심리학자들에 따르면 누군가 옆에서 함께하거나
사람들과 어울릴 때 중독 행위가 저절로 억제된다고 한다.
하루를 꼬박 함께 있어 준다면 상대방은 중독되었던 행위를 멈출 수 있다.

    당신은 '중독' 수준의 취미 활동이 있는가? 쉬지도 않고 드라마 정주행에 빠져 있다든지, 눈이 벌게질 때까지 SNS를 한다든지, 밤낮없이 소설책만 읽는다든지 등 그 예는 다양할 것이다. 그렇다면 이러한 취미 활동을 하는 동안 자신이 중독 상태라는 것을 스스로도 인지하고 있는가?

    과학자들에 따르면 어떤 행위가 뇌의 특정 호르몬 분비를 자극할 때 우리는 그것에 중독이 된다. 도파민이나 엔도르핀 같은 화학 물질

불균형을 받아들이는 것이 곧 균형이다

107

이 나와 좋은 느낌을 갖게 하고 더 큰 자극을 위해 계속 행동을 지속하게 만드는 것이다.

중독이 반드시 나쁜 것은 아니다. 어떠한 기술에 중독된다면 반복적인 연습으로 고수가 될 수 있고, 운동에 중독된다면 친구들 사이에서 운동의 달인이 될 수도 있다. 하지만 과유불급이다. 이러한 '보상'에 과도하게 의존한다면 삶의 다른 부분에서 균형을 잃기가 쉽다.

예컨대 게임을 떠올려 보자. 게임은 만들어질 때부터 이미 중독의 구조를 담고 설계되었다. 그만큼 쉽게 중독되기 때문에 골머리를 앓는 학부모들이 많은 것이다. 특히 방학이 되면 아이들은 통제가 불가능해진다. 아이들뿐만 아니라 성인도 마찬가지다. 내 친구 중 한 명은 남자 친구가 게임에 빠져 일도 나 몰라라 한다며 고민을 털어놓기도 했다.

그렇다면 이렇게 다소 긍정적이지 못한 중독은 어떻게 해야 끊을 수 있을까?

① 함께 있어 주기

중독자가 남자 친구 및 가족과 같은 가까운 사람일 경우 효과적인 문제 해결 단계는 '함께 있어 주는 것'에서 시작한다. 정말 가까운 사람이라면 이런 말을 건네 보는 것도 가능하다.

"너무 중독된 것 같은데, 이건 옳지 않다고 생각해. 내가 옆에 있으면서 어떻게 하면 이 습관을 끊을 수 있을지 함께 고민해 보고 싶은

데, 어때?"

어린아이를 포함해 대부분은 중독이 그다지 좋은 게 아니라는 것을 알고 있다. 그러므로 문제를 발견하고 해결하는 데 대부분 협조할 것이다.

우선 적어도 하루 이틀 정도의 시간을 내서 옆에 함께 있어 주는 것부터 시작하자. 옆에 함께 있는 동안에는 언제든 상대방의 속 이야기를 들어 주는 것이 좋은데, 미리 이렇게 이야기를 해둔다.

"게임을 하지 말라고 널 감시하려는 게 아니야. 네가 게임을 하고 싶어질 때, 그 순간 너의 감정이 어떤지 나한테 솔직하게 이야기해 주길 바랄 뿐이야."

② 중독의 근본적인 원인 파악하기

그런 다음 상대방과 함께 이 감정을 탐구해 본다. 게임을 하고 싶은 욕구가 밀려올 때, 무슨 일이 있었는가? 환경에 어떤 변화가 있었는가? 갑자기 짜증이 났는가? 스트레스를 받았는가? 그렇다면 스트레스와 짜증의 원인은 무엇인가? 더 거슬러 올라가 보자. 바쁜 업무 생각이 났는가? 아니면 아직 다 끝내지 못한 방학 숙제 생각이 났는가? 이렇게 계속 찾아 나가다 보면 중독이 촉발된 지점을 찾을 수 있을 것이다.

이것은 꽤 유용한 심리술이다. 모든 중독에는 어떤 촉발 인자가 있기 때문이다. 담배에 중독된 사람은 '담배'라는 두 글자만 들어도 흡연을 하고 싶은 충동이 촉발된다. 그렇다면 온종일 옆에 함께 있으면서 '찰카닥'하고 방아쇠 당기듯 담배 생각을 부르는 촉발점이 무엇인지 같이 찾아보아야 한다. 촉발점을 찾았다면 그다음에 할 일은 알고 있을 거라고 믿는다.

중독이라는 문제를 바라볼 때 우리 눈앞에 보이는 것은 이미 일어난 '결과'다. 단순히 이 결과만 제어해서 빈도수를 줄이거나 혹은 행동 자체를 아예 못 하도록 금지한다면 사실상 중독을 부르는 원인은 찾을 수가 없고 어떠한 해결도 되지 않는다. 중독을 근본적으로 없애기가 힘들어지는 것이다. 마치 잡초처럼 뽑아내고 또 뽑아내도 다시 자라나서 끊임없이 뻗어 나가는 것과 같다.

특히나 요즘은 삶에 대한 스트레스가 매우 큰 시기다. 어린아이들도 학업 스트레스를 적지 않게 받고 있는데, 이럴 때 우울한 기분이나 초조함, 무기력함이 쉽게 올라온다. 이때 중독될 만한 무언가를 만나게 되면 그걸로 기분 전환을 하려 할 것이다. 만약 그 무언가가 게임이나 마약처럼 중독의 구조를 담고 설계된 것이라면 빠져드는 건 시간문제다.

그러므로 중독의 문제를 해결하려면 중독을 부르는 근원으로 거슬러 올라가 근본적인 것을 바꾸어야 한다. 그렇게 중독 행위는 차차 줄어들게 되고 결국에는 사라질 것이다.

③ 다른 행위로 대체하기

이와 병행해 볼 수 있는 또 하나의 방법은 '대체하기'다. 기존에 중독적으로 하던 행위를 다른 행동으로 대신하는 것이다. 게임에 빠진 아이라면 부모가 야외로 자주 데리고 다니면서 더 재미난 것들을 접하게 해주거나, 흡연 중독이라면 담배 생각이 날 때 대신 껌을 씹거나 아예 바깥으로 나가 운동을 한다. 드라마나 웹소설에 푹 빠져 있는 사람도 다른 활동들을 찾아서 대신해 볼 수 있다.

우리 뇌에는 '가소성'이 있다. 대체하기로 선택했던 또 다른 행동에 익숙해질 때가 되면 우리가 중독되었던 것에는 더는 끌리지 않게 되고 그렇게 삶은 더 건강해질 것이다.

심리학자들에 따르면 누군가 옆에서 함께하거나 사람들과 어울릴 때 중독 행위가 저절로 억제된다고 한다. 무언가에 중독된 사람과 종일 함께 있어 주고 이야기를 나누고 무언가를 같이하는 것만으로도 어쩌면 중독 행위를 멈출 수 있을지도 모른다.

그러므로 가족이나 친구가 그다지 건강하지 못한 행위에 중독되었을 때, 상대방을 도와주고 싶다면 옆에 함께 있어 주는 것이 가장 좋다(겸사겸사 중독의 원인을 찾아보도록 도와줄 수도 있다).

반사적인 반응의
원인을 파헤쳐라

어떠한 현상에 대한
반사적 반응을 합리화하는 데 그치기보다는
그 이면에 담긴 원인을 생각해 보아야 한다.

사회가 발전하면 필연적으로 그에 상응하는 문화 현상이 생긴다. 새로운 사물이나 유행 앞에서 우리는 낯설어하거나 거부감을 느끼기도 한다. 그러나 그것이 눈앞에 물밀듯 쏟아지는 수준이 될 때는 그것을 지지하고 있는 토양이 이미 두터워졌다는 뜻이다. 이 사회를 살아가는 한 일원으로서 어떠한 문화 현상을 받아들이느냐, 받아들이지 않느냐는 개개인의 선택의 문제다. 하지만 '왜 이렇게 되었을까?' 와 같은 보다 근원적인 질문에 대한 대답은 누구나 한 번쯤 고민해 보아야 할 문제라고 생각한다.

얼마 전, 여러 학부모와의 자리에서 성별 정체성 및 성적 지향에 대한 이야기를 나누었다. 이에 관해 대부분이 말로는 개인의 선택을 존중해야 한다고 주장했지만, 나는 진심으로 그렇게 생각하는 사람이 이 중 몇 명이나 될지 의심되었다. 대만 사회에 여전히 수면 위로 드러나지 않은 보수파들이 많다는 투표 결과를 본 적이 있기 때문이다.

나는 오늘날의 인플루언서나 아이돌 그룹의 멤버처럼 여성스러운 (?) 느낌을 물씬 풍기는 몇몇 남자들을 보고 약간 놀란 적이 있다. 이때 '이 반사적인 반응은 어디에서부터 온 걸까?'라고 스스로 자문해 보았더니, 성장한 시대적 배경, 가정 교육 환경, 성향, 자아 정체성 등의 요소가 합쳐져 형성된 가치관이 직관적으로 '좋다' 혹은 '싫다'의 감정을 느끼게 하고 우리는 다시 그 반응을 '합리화'한다는 것을 깨달았다. 일단 반사적인 반응 후에 그 반응을 합리화할 수 있는 이치를 찾는 것, 이것이 보통 사람들이 하는 사고의 맥락이다. 그러나 우리는 인정해야 한다. '객관적인 사람은 없다'라는 사실을.

남녀가 어떠한 모습이어야 하는가는 사실 사회가 만들어 낸 규칙이다. 화장만 해도 그렇다. 고대 이집트의 파라오는 아이라인을 그리고 향수를 뿌렸다. 로마 제국의 남자들은 당대 여성 못지않게 멋 내기를 즐겼다. 프랑스 궁정의 남자들 또한 하이힐을 즐겨 신었다. 각기 다른 문화 속에 서로 다른 기준이 존재하는 것이다.

각 사회에는 그에 맞는 기준이 있다. 그리고 젠더의 사회적 구성에 따르면 남성과 여성의 '이상적인 모델'은 각 사회의 발전 단계에 따라 변한다. 예컨대 제2차 세계 대전 기간, 미국인들에게 가장 이상적인 남성 이미지란 패기가 넘치고 건장한, 군인처럼 강인하고 침착하며 결단력 있는 남성이었다. 이런 모습의 군인들이 미국 사회의 영웅이었다는 점을 생각하면 쉽게 이해할 수 있다.

전쟁이 끝나고 군인들이 집으로 돌아가며 사회가 평화로워지자 사람들은 중산층이 되기 위한 노력을 시작한다. 이때 이상적인 남성의 이미지 또한 바뀌게 된다. 1950~60년대의 드라마 속에 자주 등장하던 남성, 즉 매일 같은 시간에 아내와 아이들과 인사를 나누고 집을 나서서 저녁이면 제시간에 귀가하는 중산층의 비즈니스맨이다.

미국 사회가 계속 발전하면서 더 부유해지자 다원화된 남성의 이미지가 출현하기 시작했다. '비틀즈The Beatles'가 막 나왔을 때 많은 보수 인사들이 그들을 두고 '이도 저도 아닌 자들'로 비판했지만 젊은 사람들 사이에서는 인기가 많았다. 그 이유는 어쩌면 당시 남성들의 모범적 이미지가 이미 오래된 것이 되어 버렸기 때문일지도 모른다.

나는 1980~90년대의 미국에서 사춘기를 보냈다. 당시 주류 사회는 이미 눈에 띄게 다원화되어 있었다. 각 잡힌 정장 차림의 '근육남'을 좋아하는 사람부터 개성 넘치는 차림에 머리는 드라이로 높이 세운 연주가와 예술가들이 혼재했다. 매니큐어를 바르거나 아이섀도를 칠해서 성별의 특징이 크게 드러나지 않는 사람도 있었다. 아시아도 마찬가지였다. 일본 사회 역시 제2차 세계 대전이 일어나는 동안 군인의 기질과 무사 정신을 가진 남성들을 숭배했다. 전쟁에 패한 후 경제가 발전하기 시작하면서는 정장을 깔끔하게 빼입고 매일 지하철을 타고 출근하는 '월급쟁이 남성'이 추앙받았다. 경제가 부유해지고 또다시 불황기에 접어들면서는 '꽃미남'과 '미소년' 같은 이미지가 유행하기도 했다.

대만 사회의 변화는 더 말할 것도 없다. 과거 수십 년간, 생계를 해결하는 데 몰두하던 시절부터 부유해지고 난 후까지 제각각의 문화가 유행을 했다. 젊은 사람들이 '상남자' 스타일의 '터프가이'나 정장을 쫙 빼입은 엄숙한 타입의 중산층 이미지를 왜 더 이상 추종하지 않고, 다원화된 형태로 자신을 대변해 줄 새로운 이미지에 열광하는지 쉽게 짐작할 수 있다.

매번 어떠한 남녀의 이미지나 아이돌의 유형이 젊은이들에게 사랑받는다는 것은 당시 사회의 집단의식 속에 그들의 이미지가 표출될 만한 공간이 있었기 때문이다. 이상하다거나, 낯설다거나, 심하면 받아들일 수 없다고 느낄 수는 있다(우리에게는 직감을 표현할 권리가 있으니까). 하지만 단순히 정서적으로 느껴지는 반사적 반응을 합리화하는 데 그치기보다는 그 이면에 담긴 원인을 생각해 보아야 한다.

미래에 로봇과 인공지능이 단순노동과 체력이 필요한 업무를 대량으로 대체하거나 전쟁터에서 앞장서 우리의 가정을 지키는 날이 오면, 그때는 남성과 여성 모두 '중성中性'에 가까워질지도 모를 일이다. 혹은 좀 더 '인성人性'에 가까워졌다고 말할 수 있을지도 모르겠다.

사실 나는 우리 사회에서 남성의 역할이 더 다양하게 표출될 수 있는 공간이 많아지기를 바란다. 조금 더 섬세한 사유를 드러낼 수 있고, 눈물을 허락해 주는 사회가 되기를 바란다. 더 많은 감정과 창의력을 갖고 '모성'까지도 꺼낼 수 있기를 바란다.

세상과 사람들의 인식은 점점 더 변화하고 있다. 전통적인 남녀의 역할도 역사의 두루마기 속에서 점차 사라질 것이며, 앞으로 우리는 전통적인 성 역할에서 발을 떼고 삶에 더 부합되는 요구를 해야 한다.

어쩌면 나의 아이들이 몇 년 후 사춘기에 접어들 때가 되면, 아빠인 나도 옛날 사람이 되어 있을지도 모른다. 바라건대 그때가 되어 아이들의 세상이 적응이 안 되더라도 최소한 이 모든 것에 나름의 이유가 있음을 이해하고 아이들과 이성적으로 대화를 나눌 수 있었으면 한다. 그동안 내가 보았던 수많은 어른처럼 내가 옳다고 생각하는 가치만을 고수하고, 시대의 흐름을 쫓아가지 않겠다고 꼿꼿하게 서 있다가 지난 세대의 화석이 되고 마는 일은 없기를.

'초정상 자극'을
주의할 것

외모의 문제를 해결하기에 앞서
불균형한 내면을 먼저 해결해야 하지 않을까.
아름다운 외모는 건강한 신체와 균형 잡힌 내면의 지지가 있을 때
비로소 오래도록 유지되니까.

최근 성형 미용 산업에 관한 보도에 따르면 고객의 30~40퍼센트가 뜻밖에도 학생(중·고등학생)이라고 한다. 과거에는 성형이 노화를 막기 위해서였다면, 지금은 수많은 젊은이가 사춘기 때부터 자신의 외모를 가꾸기 위해 찾는 것으로 보인다.

사춘기가 되면 생리적인 변화가 눈에 띄게 나타나면서 자기 외모와 신체에 관한 관심이 커진다. 그러다 보면 만족스럽지 못한 부분들이 보이고, 자신이 생각하는 이상적인 모습이 되고 싶어 안달을 내기도 한다. 아름다워지고 싶은 욕구는 사람이라면 누구나 갖고 있는데,

이러한 갈망과 추구는 언제나 도덕규범을 앞선다. 그러므로 이미 성형을 간절히 원하고 있는 사람이라면 단순히 '설득'한다고 해서 그 생각을 쉽게 바꾸지는 못할 것이다.

만약 성형 수술의 필요성을 느끼고 있고 외모를 바꿀 마음의 준비까지 되어 있는 사람이라면 나는 자신의 장점부터 잘 생각해 보라고 권하고 싶다. 나의 장점을 좀 더 살리는 것으로 방향을 잡고 전문 의사를 찾아가야지, 시대의 유행을 좇아 모 연예인의 '복제판'이 되지는 말자는 것이다.

그 외에 강조하고 싶은 부분이 또 하나 있다. 예뻐지기 위한 일에 지나친 집착을 해서는 안 된다는 것이다. '성형 수술'로 외모가 만족스러워지면서 매력과 인기가 올라가고 나면 저절로 '다음 목표'가 떠오르고 기준을 지나치게 높게 잡는다. 이런 현상을 전문 용어로 '초정상 자극Supernormal Stimuli'이라고 한다.

하버드 의과대학 진화 심리학 교수인 디어드리 배릿Deirdre Barrett은 『인간은 왜 위험한 자극에 끌리는가』라는 책을 통해 자연계에 나타나는 초정상 자극 현상을 이야기했다. 예컨대 어떤 새는 자기가 낳은 알보다 더 크고 색깔도 더 선명한 가짜 알을 보면 조금도 주저하지 않고 둥지로 가져가 부화시키려 애쓴다. 심지어 이 큰 알을 부화시키기 위해 자기가 낳은 진짜 알은 둥지 바깥으로 쫓아내기까지 한다. 오스트레일리아의 비단벌레 수컷은 등이 울퉁불퉁하면서 광택이 나는 진한 커피색의 암컷을 특히나 좋아한다. 맥주병 밑바닥과 비슷한 모습이어서 오스트레일리아 공원의 쓰레기통에는 버려진 맥주병 위로 비단벌레가 가득하다. 본능적으로 그곳에 날아들어 짝짓기를 시도하는 것이다.

얼핏 미련해 보여도 생물의 본능적 측면으로 따지면 당연한 이치다. 더 강한 새를 부화하고자 하는 본능이 더 큰 알을 찾게 만들고, 더 많은 자손을 낳고자 하는 본능이 잦은 짝짓기를 하게 만드는 것이다. 오랜 세월 거듭해 온 진화로 인해 일부 특징이 시각적으로 더 잘 보여지면서 파트너 선택이 더 빠르고 편리해졌다.

인간 역시 마찬가지다. 우리도 동물이기에 시각적으로 묘사되는 특징들이 있다. 풍성한 가슴, 볼록한 엉덩이, 가느다란 허리와 긴 다리 등이다. 이런 특징이 아름다운 것으로 평가받는 이유 역시 이런 특징을 가진 여성들이 보통 건강하고 출산이 쉬웠기 때문이다. 커다란 눈과 작은 얼굴은 청춘의 상징으로 꼽는다. 이런 특징은 애니메이션이나 웹툰 등에서 한층 과장해서 표현되곤 한다. 심하면 부자연스러운 수준으로까지 표현되는데 그것을 보며 이상하다고 여기는 사람은 드물다. 참으로 이상한 일이다.

이제 우리는 안다. 사실 우리는 어린 시절에 애니메이션이나 웹툰, 바비 인형 등으로부터 초정상 자극의 요인을 주입받은 것이다.

언론이나 만화 등에서 '극에 달한 아름다움'을 볼 때 쉽게 수용이 되는가? 아마도 너무 지나치다는 생각이 들 것이다. 그러나 실제로 우리는 점점 더 극단으로 나아가고 있다. 코는 점점 뾰족해지고 눈은 갈수록 커지고 턱 역시 날카로워져만 간다.

누구나 더 나은 사람이 되길 원한다. 물론 외모 또한 포함된다. 하지만 그 전에 내가 정한 미의 기준이 어디에서 온 것인지 잘 생각해 보아야 한다. 초정상 자극의 영향으로 나를 계속 극단으로 밀고 가며 집착을 하는 것은 아닌지.

외모의 문제를 해결하기에 앞서 불균형한 내면을 먼저 해결해야 하지 않을까. 나의 용모에 투자하는 동시에 운동과 관리에도 신경을 써야 한다. 아름다운 외모는 건강한 신체와 균형 잡힌 내면의 지지가 있을 때 비로소 오래도록 유지되니까.

우리가 악플을
신경 쓰는 이유

누구든 불쾌한 언어 공격을 받을 수 있다.
이럴 때는 자신의 '부정성 편향'에 대해 인식하자.
단 하나의 부정적인 평가로 99개의 긍정적 평가가 가려지지 않도록.

지인 중 인플루언서로 활동하는 친구가 있다. 라이브 스트리밍Live Streaming을 할 때마다 많은 팬의 기대를 한 몸에 받는 친구다. 그런데 최근 친구가 내게 이렇게 물었다.

"너는 악플이 보일 때 어떻게 해?"

친구는 자신이 참 이상하다고 했다. 평소에 100개의 선플을 받을 때는 별 느낌이 없다가 악플이 단 하나만 보여도 밤에 잠을 못 이룬다는 것이었다.

사실 나 역시 다르지 않다. 간혹 비난 댓글이 달리면(매번 비난 댓글을 남기는 사람은 꼭 있다) 그 사람과 논쟁을 하고 싶어진다.

최근에 있었던 일이다. 심리학에 기반한 소통 기술에 대한 이야기를 한 후였는데 그 아래에 누군가 이런 댓글을 달았다. "응, 외국인." 나는 머리끝까지 화가 치밀었다. 왜냐하면 내가 언급했던 내용은 다문화적인 것이었기 때문이다. 전 세계적으로 시행되고 검증된 연구 결과였다. 게다가 그런 댓글을 단 사람이라면 기본적으로 이미 나와는 멀찌감치 떨어져서 자신은 '내국인'이니 나와 다르다는 생각을 하는 것일 터였다. 내가 언급한 연구 내용이 외국의 이론이든 아니면 내가 외국에서 자랐기 때문이든 그것과 상관없이 그 사람에게 난 이미 외국인인 것이다. 이런 가설은 내가 독자들에게 전하려는 조언과는 아무런 관련도 없다. 그저 이런 사람을 맞닥뜨리면 언쟁을 하고 싶을 뿐이다.

하지만 그 사람의 말에 댓글을 달다가 한편으로는 너무 불공평하다는 생각이 들었다. 왜 이런 사람이 던진 몇 글자에 내 삶의 귀중한 시간을 소모하고 뇌세포를 죽여야 하는 걸까. 그럴 필요가 있을까? 결론은 조금도 없다는 것이었다.

내가 진심으로 신경 써야 할 것은 내 글을 읽고 공감을 얻었다거나 자기 삶에 비추어 보면서 새로운 것을 느꼈다고 댓글을 달아 주는 사람들이다. 단순히 나의 견해를 긍정해서가 아니라 건설적인 피드백이기에 진정으로 교류할 가치가 있기 때문이다. 더 나아가 이성적으로 건네는 반대 의견이라면 그것 역시 대화해 볼 가치가 있다. 이성적으로 토론을 나누고 퇴고를 하는 과정에서 나의 견해 역시 더욱 완전해질 수 있기 때문이다.

그럼에도 이렇게 단 몇 글자로 우리를 화나게 만드는 사람들이 있다. 도대체 왜 화가 나는 걸까?

내 안의 위험 경보, 부정성 편향

✦

인간에게는 이른바 '부정성 편향Negativity Bias'이라는 것이 있다. 긍정적인 정보는 예사롭게 여기기 쉽지만, 부정적인 정보에는 민감하다는 뜻이다. 그러니까 100개의 호평을 받고 한껏 신이 나다가도 악평을 하나 만나는 순간, 100개의 호평이 주었던 좋은 감정은 순식간에 백지화되어 버리는 것이다.

심리학자들은 부정성 편향이란 우리가 부정적 정보를 보았을 때 이를 위험과 같은 것으로 느끼고 주의를 기울이기 때문이라고 말한다. 이것은 우리의 선조들이 생존하기 위한 기본 조건이었다. 생각해 보면 과거 오스트랄로피테쿠스 같은 원인猿人은 풀숲 밑에서 이상 징후가 보일 때 이를 빨리 발견하고 도망쳐야 살아남을 수 있었다. 태평하게 있다가는 호랑이의 먹이가 되기 십상이기 때문이다.

그러므로 이렇게 민감한 유전자가 살아남아 대를 이어 우리에게까지 이어졌고, 우리는 위험하고 부정적인 각종 정보에 유난히 민감해지는 특성을 지금도 갖고 있다. 이것이 바로 부정성 편향이다.

나의 부정성 편향이 깊게 뿌리박힌 본능의 하나였다는 것을 인식하고 나서는 이 본능에 끌려가지 않고 '옳은' 일을 하는 게 더 중요하다는 것을 깨달았다. 악플이 달리면 어떻게 하느냐고 물었던 친구에게도 나는 같은 조언을 했다.

"네 마음과 시간을 가치 있는 사람들한테 써야 해. 너의 생각과 말을 더 성숙하게 만들어 주는 그런 사람들 말이야. 악플을 다는 사람이랑 똑같은 수준으로 굴어선 안 돼. 만약 자꾸 악플에 영향을 받아서 못 견딜 수준이라면 보조 편집자를 한 명 찾아봐. 억지스럽거나 오로지 공격을 위한 공격으로 던지는 글은 미리 걸러 달라고 하고, 회신할 가치가 있는 댓글만 남겨 달라고 하는 거야. 설사 의견이 좀 다르더라도 최소한 소통하고 교류할 의향이 있어 보이는 글만 고르는 거야. 단순히 욕하러 온 사람 말고."

인터넷상에 우리의 삶을 공유하는 일이 점점 많아질수록 인플루언서뿐만 아니라 그 누구도 불쾌한 언어 공격과 부정적인 평가를 피할 수 없다. 이럴 때는 이 말을 떠올려 보면 좋겠다.

"나의 부정성 편향을 인식하자. 단 하나의 부정적인 평가 때문에 날 인정해 주었던 99개의 긍정적인 평가를 묻어 버리지 말자. 이성적인 소통을 하려는 사람에게 마음을 쓰고 옳은 일을 지속해 나가자."

나의 부정성 편향을 의식할 때, 우리는 진정으로 신경 쓸 가치가 있는 것들에 집중하고 앞으로 나아갈 수 있다. 나의 빛나는 앞날을 위해 이 말을 잊지 말자.

불균형을 받아들이는 것이 곧 균형이다

평범한 일상을
특별하게 만드는 법

—

가끔은 몸과 마음에 적당한 거리를 두고
새로운 눈으로 내가 있는 이곳을 바라볼 필요가 있다.

친한 외국인 친구가 타이베이에 왔다. 나는 고궁 박물관과 신의구
에 있는 타이베이 101 빌딩 등에 친구를 데리고 다녔다. 화박 공원花
博公園 안에 위치한 마지 스퀘어MAJI Square에 도착했을 즈음 친구는 두
눈을 번쩍이며 말했다.

"여기서라면 신나게 탈 수 있겠는데!"

알고 보니 스케이트보드를 무척이나 즐기는 친구였다. 새로운 도
시에 가면 늘 보드 타기에 적당한 곳을 찾았다. 슬라이딩과 점프 기술
을 선보이는 상상에 즐거워했다. 도시를 바라보는 시선이 일반 관광

객과 달랐다. 우리가 랜드마크를 볼 때 친구는 지형을 살폈다.

삶의 형태에 따른 마음가짐

✦

문득 1990년대, 내가 타이베이로 막 돌아왔을 때가 생각났다. 지하철이 막 착공 중이었고, 지금은 번화가인 중샤오둥루忠孝東路가 절반 정도 파헤쳐 있었다. 복도식으로 만들어진 건물 1층은 각종 노점상과 카스텔라를 파는 상인들로 붐볐다. 길은 울퉁불퉁해서 마치 리듬을 타듯 들썩이며 걸어야 했다. 그땐 참으로 재미있었다. 편리와 같은 문제는 생각지도 않았다.

타이베이에 정착하기로 한 뒤 이곳에서 몇 년을 지내는 동안 내게는 아이가 생겼다. 유모차를 끌고 자주 외출을 했는데 그때야 비로소 인도가 얼마나 울퉁불퉁한지 다시금 깨달았다. 복도식 건물 1층에 놓인 수많은 오토바이와 잡동사니 때문에 노인과 아이들의 통행이 불편하다는 것도 알았다. 아이가 생기고 나서 나는 어디를 가든지 다니기 좋은 길, 새로 깔린 길부터 찾았다.

그때, 문득 깨달았다. 마음가짐이란 삶의 형태가 변함에 따라 달라진다는 것을.

예전에 「뉴욕 타임스」에서 한 기자가 촬영한 사진 작품을 본 적이 있다. 지구를 돌며 20년간 전쟁터에서 사진을 찍어 기록으로 남기던 기자는 어느 날 엄마가 되었다. 엄마가 되고 보니 가정주부로 살아가며 맞닥뜨리는 혼란은 전쟁터에서 느꼈던 감정과 크게 다르지 않았다. 그녀는 어느 날, 스스로에게 물었다.

"기자는 왜 늘 신변의 일보다 외딴곳에서 일어나는 일을 더 가치 있다고 여기는 걸까? 먹고 살아가는 사소한 일상이 평범해 보인다고 해서 기록할 가치마저 없는 걸까?"

그리하여 그녀는 아이의 노는 모습, 칭얼대는 얼굴, 넘어져서 상처 난 모습 등 자신의 주위를 둘러싼 모든 것에 카메라 렌즈를 돌린다. 수영을 배우는 아이의 모습과 친척들과의 파티나 캠핑을 간 일, 스파게티를 잔뜩 묻혀 가며 먹는 아이의 얼굴까지 다양한 모습을 기록으로 남긴다.

"사진을 찍는 순간만큼은 멈춰 서서 마음을 기울이게 돼요."

그녀는 말했다. 멈춰 서는 순간 모든 것이 새롭게 보인다고. 내가 살고 있는 이곳이 얼마나 평범하면서도 근사한지, 얼마나 익숙하면서도 낯선지 보인다고 했다.

새로운 시각이 새로운 일상을 만든다

✦

가끔은 몸과 마음에 적당한 거리를 두고 새로운 시각으로 내가 있는 이곳을 바라볼 필요가 있다. 이미 익숙해진 불편은 새롭고 창의적인 사고로 개선시킬 필요가 있다. 하지만 그보다 다시 한번 주의 깊게 바라보고 머릿속에 각별한 일로 담아 두는 것이 더욱 중요하다.

익숙했던 풍경도 다시 새로운 눈으로 바라보면 훈훈함을 느낄 수 있다. 캐나다로 이민을 갔다가 최근 친척 집에 방문하기 위해 대만을 찾은 친구는 내게 이렇게 말했다.

"세상에! 길거리에 편의점이 넘쳐 나잖아. 이 얼마나 큰 행복인지!"

현재 자신이 사는 곳과 대비가 큰 만큼 고향으로 돌아왔을 때의 감격은 깊어진다. 새롭게 일상을 마주할 수 있는 기회인 여행이 여의찮은 상황이라면 아예 지금 이 순간 걸음을 멈추고 카메라를 들어 보자. 지금 이 자리에서 평소와는 다른 시선으로 일상의 모든 것을 느끼고 기록하는 것이다.

새로운 눈으로 주위를 둘러보며, 이 도시의 리듬에 나의 마음을 자유롭게 내맡겨 보자. 자연의 빛이 어떻게 변화하는지 관찰하거나 내 물건을 둘러싼 공간을 살펴보는 것도 좋다. 특별한 시선으로 길을 걷는 것만으로도 감응이 조금은 달라지는 걸 느낄 수 있다. 더불어 그 과정에서 내 마음 상태의 미묘한 변화를 인식하게 될 것이다. 더 나아가 새로운 눈으로 세상을 바라보자. 원망스러웠던 세상에서 조금은 아름다운 면을 때때로 발견할지도 모르니.

불균형을 받아들이는 것이 곧 균형이다

Live together

타인과 함께 살아갈 때

우리는 덜 외롭고 더 가까워질 수 있다.

이 사실을 인식할 때

진정으로 함께하는 것이 가능해진다.

3장

우리는 결국
연결된 존재다

외로움은
어디에서 오는가

—

자신의 고독을 어떻게 끌어안고 살아야 할지가
우리 세대의 중요한 심리적 과제가 될 것이다.

우리 집 식탁 위에는 상자가 하나 놓여 있는데, 그 안에는 다양한
질문이 적힌 카드가 있다. 이는 가족들과 즐거운 대화를 나누기 위해
서 준비한 것이다. 매일 저녁이면 우리는 상자 안에서 카드를 하나
뽑아 차례대로 질문에 대한 답을 한다.

며칠 전, 우리가 뽑은 카드는 '언제 외로움을 느끼는가?'였다. 아이
들에게는 대답하기 쉽지 않은 문제겠거니 짐작했는데 의외로 아들
찬찬이 제일 먼저 손을 번쩍 들었다.

"아빠랑 엄마가 저녁 약속이 있어 외출할 때요. 집에 할머니랑만

있으면 외로운 기분이 들었어요."

이어서 딸 첸첸이 입을 열었다.

"저는 한밤중에 동생 없이 혼자 잠에서 깰 때요. 그때 안방으로 갔다가 동생과 엄마 아빠가 같이 껴안고 자고 있는 모습을 보면 외로웠어요."

아내는 잠시 생각을 하다가 답을 했다.

"인스타그램을 하다가 친구들이 다 같이 놀러 간 사진을 볼 때, 나는 끼지 못했다는 생각에 외롭더라고."

마지막은 내 차례였다.

"외국으로 출장 가면 저녁에 가족들하고 영상 통화를 하잖아. 전화를 딱 끊는 순간, 외로운 기분이 들더라."

외로움에 관한 대답이 전부 제각각이라는 사실이 재미있었다. 우리 가족 각자가 느끼는 외로움의 원인은 무엇일까?

아들의 외로움은 부모를 향한 어린아이의 사랑이 담겨 있다. 장난감도, 함께해 줄 어른도 부족하지 않은 아이지만, 아이에게 가장 중요한 것은 나와 아내가 곁에 있느냐 없느냐였다. 나와 아내는 흐뭇한 기분이 들면서도 미안함이 담긴 눈빛으로 서로를 힐끗 바라보았다.

딸의 외로움은 남매 사이의 미묘한 경쟁에 대한 반응이다. 나이 차가 크지 않은 두 아이는 부모가 누구를 조금 더 많이 사랑하는지 신경 쓰고 있었다. 아무리 두 아이에게 똑같이 애정 표현을 해도 아이들의 원초적인 잠재의식 속에서는 여전히 부모의 사랑을 조금이라도 더 독차지하고 싶은 것이다. 그러므로 동생이 밤에 안방으로 달려가 엄마 아빠와 함께 잘 때 누나로서는 영 기분이 좋지 않은 게 당연하다. 딸이 이야기하는 외로움이란 불공평하다는 생각에서 오는 억울한 기분을 담고 있을 터였다.

아내가 느낀 외로움은 '놓친 것에 대한 상실감'에서 왔다. 사람은 사회적 동물이기에 집단에서의 자기 위치를 늘 신경 쓰며 살 수밖에 없다. 모두가 리더가 되기를 바란다는 뜻은 아니다. 다만 중요하다고 여겨지는 교류의 장에서 소외될 경우 상실감은 자연스럽게 따라온다. 이것을 '포모증후군FOMO Syndrome'이라고 한다. 특히나 사람들과 모이고 사귀는 것을 즐기는 사람의 경우 눈에 띄게 나타나는데 사실 이것은 정상적인 반응에 가깝다. 그러나 이러한 감정이 너무 자주 느껴지거나 우울한 기분이 든다면 소셜 미디어를 되도록 멀리하는 것이 좋다.

그렇다면 나의 외로움은 어디에서 왔을까? 최근 출장을 갈 때마다 혼자 타지에서 나의 안식처를 그리워하며 쓸쓸해하던 내 모습이 지금도 생생하다. 장기 출장이었다면 '향수병'이라고도 부를 수 있었겠지만, 대부분 며칠간의 일정이었고 해야 할 업무가 명확하게 있었기 때문에 그렇게 심각하지는 않았다. '내가 도대체 여기에서 뭘 하고 있는 거지?'와 같은 막막한 기분이 안 그래도 쓸쓸한 기분을 더욱 복잡하게 만들어 버리는 일은 다행히 겪지 않았다.

솔직히 말해서 저녁에 혼자 낯선 호텔 방에 앉아 있는 일은 그 자체로 외로운 일이다. 정상적인 일이자 당연한 것이기에, 한술 더 뜨면 그 시간을 즐길 수도 있는 것이다. 나를 가혹하게 몰아붙이기 위해 하는 말이 아니다. 그저 나 자신을 가엾게 여기고 싶지 않을 뿐이다. 당연하고도 자연스러우며 언젠가 반드시 지나가는 잠깐의 낙담과 슬픔, 이를 '우울감'이라고 부른다. 영어에서는 '멜랑콜리Melancholy'가 이와 같은 뜻을 갖는다. 나는 프랑스 작가 빅토르 위고Victor Marie Hugo의 "우울은 슬픈 행복이다Melancholy is the happiness of being sad"라는 말을 좋아한다. 사실 우리가 우울감을 애써 회피하지 않는다면 그것이 얼마나 아름다운지 느낄 수 있다. 중국 당나라의 저명한 시인 이백李白이 쓴 「정야사靜夜思」 속의 한 구절 '거두망명월, 저두사고향擧頭望明月, 低頭思故鄉('고개 들어 밝은 달을 바라보다 머리 숙여 고향을 생각하네'라는 뜻이다-옮긴이)도 이러한 애수 속에서 써 내려간 것이 아닐까.

대만 문학의 정신적 지주라 불리는 장쉰蔣勳은 『고독육강』이라는 책에서 이렇게 말했다.

"중국인은 여럿이 모여 시끌벅적한 것을 좋아한다. 마음의 안정이 부족하고 어려움을 혼자 마주하는 즐거움을 잘 느끼지 못한다. 특히 다음 세대는 자기 자신을 고독히 마주하는 경험을 더욱 많이 해야 한다. 무리 속에서 혼자 걸어 나와 이 세상과 분리되어 완전한 인격을 만들어야 한다."

그가 언급한 다음 세대란 바로 우리일 것이다. 이전 세대보다 오래 살고 아이는 적게 낳고 고향을 떠나서 사는 일이 많은 세대다. 자신의 고독을 어떻게 끌어안고 살아야 할지가 우리 세대의 중요한 심리적 과제가 될 것이다.

'외로움'이라는 현대 사회의 유행병

✦

최근 미국의 각종 미디어에서는 외로움을 일종의 유행병으로 보기 시작했다. 조사 결과, 선진국에서 우울감을 느끼는 사람들이 20~30년 전에 비해 대폭 늘어났기 때문이다. 미국 내 응답자 중 과반수가 외롭고 고독한 기분을 느낀다고 답했는데 이는 빈부 격차 문제와는 전혀 관련이 없었다. 혼잡하고 교류의 기회가 넘치는 환경에 살면서도 외로움을 느낀다고 답하는 사람이 많았다. 우리가 반드시 직면해야 할 내면의 문제가 된 것이다.

외로운 감정에는 여러 가지 모습이 있고 또 다양한 원인이 존재한다. 자신의 외로움을 해결하려면 먼저 외로운 감정에 대해 확실하게 이해해야 한다.

스스로 질문을 던져 보자. 이 감정은 어디에서 온 걸까? 주변에 의지할 가족이나 친구도 없이 혼자 있기 때문일까, 아니면 그저 나의 주관적인 감정 때문일까? 나는 이 감정에 어떤 방법으로 대처하고 있는가? 외로움의 원인을 해결하는 데에 적합한 방법인가? 아니면 방법은 전혀 생각해 본 적 없이 감정을 무디게 만들거나 회피하고 있지는 않은가?

이때 외로움을 느끼고 있는 사람에게 혹은 외로움을 느끼고 있는 나 자신에게도 이런 식의 말은 삼가야 한다.

"네가 뭐가 외롭니? 좀 성숙해져 봐. 받아들여!"
"옆에 우리가 있는데도 외롭다는 거야? 마음이 그렇게 불안해?"

원인이 무엇이 됐든 외로운 기분이 든다면 그건 진짜인 것이다. 타인의 감정을 존중하는 동시에 나 자신의 감정 역시 존중해 줘야 한다.

외롭다면 말을 하라

♦

외로움에 맞서는 가장 좋은 방법은 그것에 대해 이야기를 나누는 것이다. 우울증 치료제도 속마음을 터놓고 나누는 대화 앞에서는 장사 없다. 만약 명절이 되어 오랜만에 고향에 돌아갔다면 가족들에게 슬쩍 물어봐도 좋다.

"혹시 외로울 때 있어? 언제 외롭다는 생각이 들었어?"

명절에 나눌 이야기로는 적합하지 않을 수도 있으나 너무 무거운 이야기로 만들지 않으면 된다.

망망대해에서는 뱃고동이 울리지 않으면, 서로의 존재는 알아도 상대가 어디쯤 있는지는 알 수 없다. 뱃고동이 울려야 저 안갯속에 또 다른 배가 있음을, 그것도 아주 가까이에 있었음을 알게 된다.

그날 저녁, 집에서 나눈 대화 역시 그랬다. 카드에 적힌 질문을 통해 문득 외로움을 주제로 이야기의 장을 열었다. 가족들과 한바탕 이야기를 나눈 후 설거지를 하며 진실했던 대화를 다시 떠올려 보았다. 우린 더 가까워져 있었고, 덜 외로워졌고, 한 발짝 더 가족이 되어 있었다.

짧은 인생,
진지한 농담이 필요하다

―

그들이 호의를 담아 서로에게 건네는 농담은
'짧은 인생, 그렇게 심각할 필요 있느냐'라는 느긋한 태도였다.

가족들과 뉴질랜드와 호주로 여행을 갔을 때의 일이다. 어느 공원
옆 작은 식당의 야외 테이블에서 피쉬 프라이와 프렌치 프라이를 먹
었다. 식사를 마치고 나서려는데 테이블 가득히 빈 접시가 보였다. 식
기를 그대로 두고 가도 되는지 아니면 직접 반납해야 하는지 알 수가
없어서 종업원에게 물었다. 종업원은 아주 진지한 얼굴로 대답했다.

"직접 반납하셔야 해요."

"아, 알겠습니다."

아이들에게 접시를 함께 들자고 이야기하려는 찰나 종업원이 다시

나를 불렀다.

"농담이에요, 저희가 정리할게요!"

"정말요? 혹시나 해서 여쭤본 건데…."

"아니에요, 얼른 가세요!"

종업원은 카운터에 있는 또 다른 종업원을 향해 웃으며 내게 손을 흔들었다. 나는 조금 놀라기도 하고 왠지 조금 불편하기도 했다. 그래도 나는 예의를 차리고자 물어본 건데 왜 군이 농담을 한단 말인가?

하지만 나중에 돌이켜 생각해 보니 이런 상황은 영국권 국가에서는 흔하게 있는 일이었다. 처음 런던에 갔을 때도 그랬다. 당시 나는 돈 없는 학생이자 배낭 여행자였는데 환전을 하자마자 지갑을 소매치기당했다. 어안이 벙벙한 채로 길거리에 서있다가 경찰이 보이기에 다가가서 어떻게 해야 하느냐고 물었다. 그때 난 뭘 잘못 먹었는지 마치 다른 사람 일인 것처럼 이렇게 이야기했다.

"저기요, 누가 지갑을 잃어버렸다는데 그 사람은 이제 어떻게 해야 하나요?"

경찰은 아주 진지한 얼굴로 대답했다.

"앞으로 쭉 걸어가시면 경찰서가 보일 겁니다. 거기로 들어가서 그 사람이 어떻게 지갑을 잃어버리게 됐는지 그 과정을 경찰에게 설명하셔야죠. 그런데 만약 그 사람이 당신이라면, 어떻게 된 일인지 저한테 바로 말씀해 주시면 됩니다."

영어로 주고받았던 이 대화는 정말이지 몬티 파이튼Monty Python(영국의 유명 코미디 그룹을 말한다-옮긴이)의 코미디가 따로 없었다. 게다가 경찰은 눈도 깜빡하지 않고 내게 대답했는데 말이 끝나고 입꼬리를 실룩하는 걸 보아 처음부터 '그 사람'이 나라는 것을 알고 있는 듯했다.

이렇게 놀리는 말을 영국권 국가에서는 'take the piss'라고 표현한다. 직역하면 '소변을 보다'라는 의미인데 실제로는 '상대방을 놀리다'라는 말로 잘 쓰여 소변과는 관련이 없다. 앞서 이야기했던 식당의 종업원은 내게 식기를 직접 반납하라고 했다가 후에 "농담이에요"라는 말을 할 때 "I'm just taking the piss!"라고 표현했었다. 다행히 대학 시절 영국인 친구가 많았던 덕에 이 표현을 익히 들어 알고 있었다. 그렇지 않았더라면 종업원이 정말 '소변을 본다'라는 말을 한 줄 알고 민망할 뻔했다.

영국인에 비해 호주 사람들의 민족성은 사소한 일에 구애받지 않는 성향이라 'take the piss'를 더욱 즐기는 탓에 가끔 오해를 사기도 한다. 특히 미국인들에게 자주 실례를 범한다. 미국 영어에는 'take the piss'라는 표현도 없고 미국은 문화적으로도 낯선 사람에게 농담을 쉽게 하지 않기 때문이다. 그래서 미국인 중에는 호주 사람들을 생각 없고 교양 없는 사람들로 여기는 이들이 많다.

그러나 나는 그들의 농담에 호의가 담겨 있다고 생각한다. 비록 상대를 맥 빠지게 만들기는 해도 그 뒤에는 일종의 '짧은 인생, 그렇게 심각할 필요 있느냐'라는 식의 느긋한 태도가 깔린 게 아닐까. 웃어 넘기는 사이 너와 나는 친구가 된다. 농담을 잘못해서 화를 부른다면 상황은 도리어 심각해지겠지만.

그날 저녁, 우리는 또 한 번 우릴 향해 '소변을 보는' 일을 맞닥뜨렸다. 가족들과 공원에서 산책을 하다가, 공사 중인 길 입구에 다다랐다. 그곳에 놓인 커다란 안내판에는 이렇게 적혀 있었다.

'죄송하지만 현재 이 길은 통행이 불가능합니다. 길 건너편으로 넘어가면 이 길의 또 다른 쪽에 다다를 수 있습니다.'

그 옆에는 주황색 작업복을 입은 아저씨가 교통 지휘를 하고 있었다. 아내가 아저씨에게 다가가 물었다.

"실례지만 어떻게 가야 하나요?"

아저씨는 만면에 웃음을 머금고 대답했다.

"숙녀분, 아주 똑똑해 보이시는데 숙녀분 생각에는 어떻게 해야 좋을까요?"

아내는 예상 밖의 대답이 돌아오자 당황했다. 옆에 놓인 안내판에 '길 건너편으로 넘어가라'라는 말이 떡하니 적혀 있었으니 아저씨의 대답은 우리를 놀리고 있는 것이었다. 그래서 나는 아저씨 뒤에 놓인 안내판의 문구를 소리 내어 읽었다.

"길 건너편으로 넘어가면 이 길의 또 다른 쪽에 다다를 수 있습니다."

그러자 아저씨가 말했다.

"정확하십니다! 여기 이 신사분께 상을 드려야겠네요!"

아저씨 말에 나도 질세라 농담을 던졌다.

"오, 그것 참 잘됐네요! 무슨 상을 주실 건가요?"

아저씨는 예상치 못한 나의 반응에 당황하는 얼굴이었다. 그래서 나는 스스로 대답했다.

"형님, 아내에게 잔소리를 안 듣는 게 저에게는 상입니다!"

"하하하!"

아저씨를 박장대소를 했다. 그때 신호등의 초록 불이 켜졌다. 나는 가족들을 데리고 길을 건넜다. 아저씨는 길 안내를 하면서 다정하게 인사를 건넸다.

"안녕히 가세요!"

얼마 안 가 아저씨가 또 다른 사람들에게 건네는 말소리가 들려왔다.

"앞에 있는 이 정류장에서 30분 정도 기다리시면 전철이 올 겁니다. 아니면, 직접 길 건너편으로 걸어가신 다음에…."

문득 생각했다. 그는 저 길 입구에서 얼마나 오래 서있었을까. 안내판에 길 안내가 똑똑히 적혀 있음에도 수많은 사람이 건네는 똑같은 질문에 수없이 대답해야 했을 것이다. 그럼에도 익살맞고 재치 있게, 조금은 가볍게 대답하는 그를 탓할 수 있을까?

우리는 결국 연결된 존재다

내가 이 에피소드를 이야기하는 이유는 농담이 그 나라 문화의 축소판이기 때문이다. 중국인은 체면을 중시하기 때문에 낯선 사람에게 특히나 예의를 차리고, 농담을 하면 무례한 사람으로 취급되기 쉽다. 하지만 다른 국가에서는 그렇지 않다. 'take the piss'가 적대감에서 나온 행위는 아닐 것이다. 오히려 선의에서 시작된 게 아닐까? 상대방을 자기 사람으로 생각해야 농담도 할 수 있는 것이니까.

너무 진지하게 생각하면 농담 앞에서 더 어색해지고, 거리감이 생기면서 상대의 기분을 상하게 할 수 있다. 하지만 내 경험으로 보건대 오히려 매너 있게 받아치고, 지혜롭게 되돌려 준다면 상대는 '오, 녀석 제법인데!'라고 생각할 것이다.

우리 인생, 길지 않다. 진지하게 농담도 하며 살자!

선의로
적의를 무너뜨리자

예의 없는 사람을 만나게 되면
이런 생각을 해보는 것도 좋겠다.
우리는 얼마든지 선의로 적의를 무너뜨릴 수 있다고.

누군가가 당신에게 무례한 행동을 했다. 어떻게 대처하면 좋을까? 미국 웹 사이트에서 보았던 에피소드 하나를 공유하며 그 방법에 대해 이야기해 보려고 한다.

미국 사람들은 외출할 때 대부분 차로 이동한다. 운전을 하다 보면 불쾌한 일이 자주 생기는데, 심지어는 '로드 레이지road rage'라는 단어가 있다. '도로 위의 분노'라는 뜻으로 보복 운전을 말한다. 대부분이 운전 중 손가락 욕이나 거친 욕설처럼 매우 비매너적인 행위를 당한 적이 있다고 할 만큼 미국 문화 안에서는 이미 피할 수 없는 일부분이 된 것 같다.

아이 다섯을 데리고 운전 중이었던 한 미국 엄마도 마찬가지였다. 맥도날드 드라이브 스루를 이용해 주문을 한 뒤 줄을 서있는 동안 아이들을 돌보고 있는데, 갑자기 뒤에서 귀를 찌르는 클랙슨 소리가 들려왔다. 순간 엄마와 아이들은 기겁했다. 엄마가 고개를 들어 백미러를 확인해 보니 커다란 픽업트럭 한 대가 서있었다. 운전석에 앉아 있던 기사는 붉으락푸르락 화가 난 얼굴로 미국 엄마를 향해 손가락 욕을 했다. 엄마는 그제야 앞의 차량이 이미 빠지고 없다는 걸 알았다. 아이들을 보고 있느라 정신이 없어 차마 뒤따라가지 못했던 것이다. 엄마는 일단 차분한 얼굴로 차에서 내렸다. 아이들이 싸우지 말라고 엄마를 말렸지만, 그녀는 차에서 내려 픽업트럭 옆으로 다가갔다. 트럭의 창문이 열렸다. 기사는 곧 싸울 기세로 당당한 얼굴을 하고 있었다. 엄마가 기사에게 말했다.

"정말 죄송해요, 급하신 줄 몰랐습니다. 제 앞으로 먼저 가시겠어요?"

험악한 얼굴을 하고 있던 기사는 그 말에 놀란 듯 물었다.

"뭐라고요?"

엄마는 한 번 더 이야기했다.

"아마 급하셨던가 봐요. 제가 아이 다섯을 차에 태우고 있거든요.

잘 아시겠지만, 아이들이 배고파서 왔는데, 주문도 시간이 좀 걸리고 음식 준비도 오래 걸리네요. 폐를 끼치고 싶지 않은데 제 앞으로 먼저 가시겠어요?"

화를 내던 기사는 곧 수그러졌다.

"됐어요."

그 말에 엄마는 다시 입을 열었다.

"근데 아까 클랙슨을 누르셨잖아요?"

기사가 대답했다.

"그건 실수로 누른 거예요."

이 말을 들은 엄마는 다시 차로 돌아갔다. 차 안에 있던 딸이 엄마에게 물었다.

"엄마, 저 아줌마가 왜 실수로 눌렀다고 한 거예요? 실수 아니잖아요!"

엄마는 대답했다.

"왜냐하면 엄마가 방금 선의를 베풀어서 저 아주머니의 적대심을 무너뜨려 버렸거든. 순간 아주머니가 뭐라고 대답해야 할지 난감해하니까 그냥 핑계 대라고 둔 거야."

감성 지수가 느껴지는 이 에피소드가 이 글을 읽는 당신에게도 격려가 되기를 바란다.

언젠가 이렇게 이성적이지 못하고 예의 없는 사람을 만나게 되면 이런 생각을 해보는 것도 좋겠다.

우리는 얼마든지 선의로 적의를 무너뜨릴 수 있다고.

가성비가 아닌
행복감을 헤아리자

가성비만 따지느라 눈앞의 기회를 포기한다면
여유를 즐겨야 할 때 여유로울 수 없고
경험해 보아야 할 때도 경험할 수 없으니
수많은 행복을 놓치게 될지도 모른다.

몇 년 전, 아내와 함께 이탈리아 여행을 할 때의 일이다. 피렌체에서 시작해 베니스를 거쳐 로마에 도착했을 때 현지 가이드가 우리를 고급 식당으로 데려갔다. 경기장과 무척 가까워 관광객이 밀집한 구시가지에서도 음식값이 놀라울 만큼 저렴했다. 커다란 스파게티 한 접시에 5~6유로, 불에 구운 스테이크는 부들부들하고 맛있었는데 고작 12유로였다. 값이 싼 데다 맛있기까지 하니 장사는 성업이었다. 지금 생각해 봐도 그 정도의 음식값이라면 사장이 덕을 베풀고 있는 거라고 볼 수 있었다.

나는 피렌체와 베니스를 먼저 다녀온 후에 이 식당을 경험할 수 있어서 다행이라는 생각이 들었다. 앞서 갔던 두 도시에서 경험했던 고급 식당은 이곳보다 값이 훨씬 비쌌기 때문이다. 만일 우리가 로마의 이 식당을 먼저 경험했었더라면, 그 이후로는 먹고 마시는 모든 것에 만족을 느끼지 못했을 것 같다.

가성비를 따지는 데 익숙한 우리들

✦

심리적으로 우리는 비슷한 경험을 가져다 비교하는 데 익숙하고 이것으로 '가성비'를 결정한다. 하버드대 심리학과 교수 대니얼 길버트Daniel Gilbert가 쓴 『행복에 걸려 비틀거리다』에도 이런 이야기가 등장한다.

"여행사 두 곳에서 각각 여행 프로그램을 제시하는데 한 곳은 6,000달러짜리 프로그램을 5,000달러로 할인해 주고 다른 한 곳은 3,000달러짜리 프로그램이 4,000달러로 오른 경우라면 당신은 어느 것을 택하겠는가?"

물론 가격 이외의 다른 요소들 역시 따져 봐야 한다. 그러나 대부분 무의식적으로 값이 오른 프로그램은 조금 더 까다로운 눈으로 살펴보게 될 것이다. 마찬가지의 논리다. 나와 아내가 피렌체의 식당에서 먹었던 스파게티 한 접시는 최소 10유로였고 베니스에서는 15유로까지 주고 먹었다. 스테이크는 그보다 더해서 최소 20유로는 내야 했다. 그러니 로마 식당에서는 가성비가 좋다는 생각이 들었던 것이다. 정말이지 최고였다.

하지만 반대로 생각해 보자. 로마 식당에서 12유로짜리 스테이크를 합리적인 가격이라고 생각하며 맛있게 먹었는데, 그 후 23유로짜리 스테이크를 보게 되었다면 어떤 생각이 들까? 대게는 실망하게 된다. 그러니 정말 다행이었다. 여행 막바지에서야 이렇게 경제적인 식당을 만난 것은 행운이었다.

가성비의 집착은 현재의 행복을 놓치게 한다

✦

가성비는 우리 뇌 안에서 자동으로 계산된다. 가성비에 대한 척도는 개인에 따라 조금씩 다르다. 그러나 가성비에 지나치게 집착해서는 안 된다. '이 값이면 우리 동네에서는 메뉴 몇 개는 더 시키는데!' 같은 생각을 자꾸만 하다 보면 매 순간 투정과 불만을 일삼게 되기 때문이다.

서로 다른 장소와 상황에서 일어나는 경험은 사실 객관적인 비교가 어렵다. 생각의 초점을 '이 가격이 지금 나에게 얼마큼의 만족감과 얼마큼의 기쁨을 주는가?'로 새롭게 옮겨 볼 수 있지 않을까.

우리가 매번 가성비만 따지느라 이 순간의 기회를 포기한다면, 먹어야 할 때 못 먹고 편안해야 할 때 편안함을 누리지 못하며 경험해야 할 때 경험하지 못한다. 가성비가 나쁘고 실속이 없다는 생각에 수많은 행복을 놓치게 될지도 모른다.

물론, 생각 없이 돈을 막 써도 좋다는 뜻은 아니다. 그저 때로는 우리가 어떤 것에 대한 값을 헤아리는 순간의 기준이 '가성비'가 아닌, 내게 가져다주는 '행복감'이었으면 한다.

내 삶의
템포는 어떠한가

이탈리아 여행을 통해
내가 가장 크게 얻은 것은 느림에 대한 이해와
시간의 축적으로 생기는 깊이에 대한 이해였다.
더 나아가 시간이 흐른 뒤에 남은 얼룩과 흠, 그리고 불완전함에 대해서도.

이탈리아 여행을 마치고 타이베이에서의 생활로 돌아왔을 때의 일이다. 집에 돌아오니 시차 적응 외에도 이탈리아에서 사온 잡다한 것들을 정리하느라 할 일이 많았다. 이탈리아의 식재료부터 초콜릿, 향신료, 화이트 트러플 버섯과 올리브유까지 각종 맛있는 것들을 참 많이도 사 왔다. 그럼에도 가져올 수 없어 아쉬웠던 것들이 남아 있었다. 그때 문득 이런 생각이 들었다.

'이탈리아에서 가치 있는 무언가를 들고 올 수 있다면 무엇을 가져올까?'

피렌체에서 유화 복원을 공부하고 있는 유학생이 우리를 이곳저곳 데리고 다니며 견학시켜 주었는데, 당시 나는 그 유학생에게 이와 관련된 질문을 던졌었다.

"형태가 있든 없든 상관없이 여기서 딱 하나만 가져갈 수 있다면 뭘 선택하고 싶어요?"

유학생은 이렇게 답했다.

"복원 전문 기술이요."

그는 복원을 공부하는 학생이었기에 나는 조금도 놀라지 않았다. 로마 여행 당시 우리를 인솔했던 가이드에게도 같은 질문을 했다. 건축 복원을 공부하고 있던 가이드의 대답 역시 유학생의 대답과 비슷했다. 구체적인 물건이 아닌 무형의 것이었는데 그중에서도 이탈리아 교수의 연구 정신을 가져가고 싶다고 했다. 이탈리아의 문물과 성서에 대한 교수들의 고찰과 연구가 무척이나 깊이 있고 사명감과 전문성이 느껴진다는 것이었다. 가이드는 학문에 임하는 방식에서 커다란 가치를 느끼고 있었다. 나는 두 사람의 대답을 충분히 이해할 수 있었다.

누군가 만약 내게 이탈리아에서 가장 가져가고 싶은 게 무엇이냐고 묻는다면, 나는 고민하지 않고 이탈리아의 '느린 삶'이라고 답할 것이다.

느린 삶의 미학

✦

느린 삶이라는 건, 이탈리아인의 걸음이 느리다는 의미가 아니다. 솔직히 로마의 번화가에 가면 그들이 얼마나 말을 빨리하는지, 운전은 또 어찌나 급하게 하는지 단박에 알 수 있다. 음악 소리가 들리면 스텝을 밟으며 흥에 못 이기고, 이야기를 할 때면 늘 싱글벙글이다. 가끔은 성미 급한 민족이 아닌가도 싶다.

그러나 이탈리아인은 해가 뜨면 모두 광장에 자리를 잡고 앉아 책을 읽거나 이야기를 나눈다. 카페에는 심오한 대화를 나누는 듯한 사람들로 늘 만석이다. 서점 또한 언제나 사람들이 가득하고, 손에 책을 들고 다니는 사람들도 자주 눈에 띈다. 일상의 어떤 순간들에 있어서는 속도를 늦추려는 그들의 삶의 태도가 보인다. 물론 일에 있어서는 효율이 떨어지겠지만.

이탈리아인은 늦게 출근하고 일찍 퇴근하는데 중간에는 2~3시간 가량의 점심시간과 차 마시는 시간이 있다고 한다. 이런 이유로 유럽의 거시 경제 속에서 이탈리아는 발전 속도가 비교적 늦은 편이었다. 그렇다고 해서 그들이 삶을 모른다고 말할 수 없다. 총체적으로 보자면 그들은 매일이 즐겁고, 스스로도 행복한 민족이라고 생각하기 때문이다.

나는 이런 느린 삶의 태도가 부럽다. 물론 장기간 그곳에서 생활한 외지인에게는 다소 진저리가 나는 부분이 있을 것이다. 우리를 안내해 주었던 유학생의 말에 따르면 제시간에 맞춰 강의실에 도착해도 문이 잠겨 있는 경우가 허다했다고 한다. 학생들이 우두커니 30분을 넘게 기다렸지만 교수는 그림자도 보이지 않았다. 1시간이 지났을 때 학생들이 1층으로 내려가 보니 한쪽에 서서 담배를 피우며 동료 교수와 대화 중인 교수를 발견한 일도 있었다. 한 번은 커피를 마시러 가서 1~2시간이 지나고서야 돌아와서는 학생들에게 날이 좋으니 옛터로 견학을 가자며 데리고 나가는 일도 있었단다. 그들은 '시간 엄수'라는 일에 있어 상당히 유연해 보였다.

그러나 유학생은 내게 이런 이야기를 덧붙였다. 교수는 매 수업 시간이면 학생들에게서 무언가를 배우고자 했다. 모든 교육이 상호적으로 진행되고 매시간 새로운 것을 얻을 수 있기를 바라는 마음으로 학생들이 많은 것을 공유할 수 있도록 격려했다. 대부분의 수업은 다같이 토론하는 것으로 진행되었다.

그들은 이렇게 교류를 중시한다. 모두 함께 앉아 밥을 먹고 이야기 나누며 커피를 마시는 시간을 중요하게 여긴다. 그만큼 많은 것들은 지체될 수밖에 없다. 그러나 여유롭게 오가는 대화의 질감은 효율만 좇고 문제 해결에 급급하며 뭐든 빠르게 만들어 내는 데에서 느껴지는 것과는 확연히 다를 것이다.

이탈리아의 디자인을 생각해 보자. 그 미학과 역사가 쌓여 만들어 낸 결과물은 결코 하루아침에 탄생한 것이 아니다. 어쩌면 이탈리아인은 언제나 속도를 낼 수 없는 환경에 놓여 있기 때문에 마치 옛사람이 남기고 간 발자취를 밟듯 건축물 사이사이와 역사의 맥락 안에서 속도를 늦추며 살아가는지도 모르겠다.

'느림'은 삶을 되돌아보게 만든다

✦

이탈리아에 가기 전부터 사실 나는 타이베이에서의 삶의 템포가 빨라졌다는 것을 느끼고 있었다. 특히 휴가를 보내기 위해 많은 일을 정신없이 끝냈던 순간에는 더더욱.

그러나 이번 이탈리아 여행을 통해 내가 가장 크게 얻은 것은 바로 느림에 대한 이해와 시간의 축적으로 생기는 깊이에 대한 이해였다. 더 나아가 시간이 흐른 뒤에 남은 얼룩과 흠, 그리고 불완전함에 대해서도. 비록 그것이 머릿속에 담긴 무형의 것일지라도 오랜 시간 바람에 부대끼며 성숙해진 것일테니 되새길 가치가 있다.

이탈리아 여행은 내게 보물 같은 경험이었다. 부디 그만큼 내 마음 안에 조금 더 오래 남아 있어 주었으면 한다.

이 절의 마지막에 이르러 한 가지 질문을 던지고 싶다. 당신의 삶의 템포는 어떠한가? 혹 급하게 달려오고 있지는 않았는지 되돌아보는 시간을 가져 보자.

미지의 영역을 덜고
두려움을 줄이자

———

우리는 덜 꾸며 내고 더 행동하며 살아야 한다.
미지의 영역을 덜고 두려움을 줄이자.
어쩌면 커다란 막대 사탕을 얻을지도 모른다.

뉴욕 퀸스에서 살았던 시절, 좋은 추억이 참 많았다. 연말에 누리는 몇몇 행사 덕이었는데 10월 말의 핼러윈이 그중 하나다.

1980년대, 핼러윈 날이 되면 각양각색으로 치장을 한 아이들이 호박 등을 손에 들고 약속한 시각에 밖으로 나왔다. 형과 누나들을 앞장세우고 사탕을 얻으러 돌아다녔다. 지금과는 시대적 분위기가 달랐기 때문에 어른과 아이 모두 별다른 걱정을 하지 않았다.

나 역시 그랬다. 오후에 하교하면서부터 저녁 먹을 시간이 될 때까지 친구들과 몇 시간이고 온 동네를 돌아다녔다. 저녁 어스름이 깔려

올 때쯤 친구들과 사탕을 입에 하나씩 물고 걸었다. 사탕을 주고받다가 싸우기도 하고 '내가 받은 사탕이 더 좋다'라는 둥 '왜 나는 그 사탕이 없냐'라는 둥 재잘거리며 떠들썩하게 집으로 향했다.

특히 포레스트 힐스 지역은 영원히 잊을 수 없는 곳 중 하나다. 녹음이 짙고 집이 유난히 컸는데 귀신의 집처럼 낡고 오래된 집이 몇 채 있었다. 다가가서 초인종을 누르려면 배짱이 필요했다. 게다가 그 당시 우리는 혼자 겁도 잘 먹는 어린 꼬맹이들이었기에 항간에 떠도는 소문도 곧잘 믿었다. 그래서 그곳의 한 집을 보며 이런 이야기를 하기도 했다.

"우리 형한테 들었는데 저 집에 살인범이 산대!"
"방금 저기 창문에서 창백한 얼굴 하나가 우릴 노려보고 있었던 것 같아!"

찬 바람이 휭 불어오자 우리는 단체로 몸서리를 쳤다. 한 아이가 무섭다며 집에 가고 싶어 하자 다른 아이가 겁쟁이라며 놀렸다. 누군가 가위바위보를 해서 진 사람이 그 집의 초인종을 누르자고 했지만, 가위바위보에서 지고도 차마 나서지 못했다. 결국 우리는 호기심 반, 두려움 반인 마음을 끌어안고 다 같이 문 앞으로 다가갔다. 드디어 초인종을 눌렀다. 무슨 일이 있으면 언제든 도망갈 태세로 잔뜩 긴장한 채 문 앞에 서있었다. 문 뒤에서 묵직한 발걸음 소리가 나더니 자물쇠 여러 개가 열렸다. 피골이 상접해 보이는 할아버지 한 분이 문을 열더니 말없이 무서운 눈으로 우리를 쳐다보았다. 우리는 한참을 가만히 서있다가 개미만 한 목소리로 말을 건넸다.

"……사탕 안 주시면 말썽 피울지도 몰라요."

할아버지는 집 안 저 멀리로 사라졌다. 잠시 후 다시 나타난 할아버지 손에는 아주 커다란 막대 사탕이 들려 있었다. 할아버지는 방충망 문을 슬며시 열더니 우리에게 사탕을 하나씩 나눠 주며 말했다.

"해피 핼러윈."

우리가 감사하다고 인사를 하자 할아버지는 고개를 끄덕였다. 문이 닫히자마자 우리는 돌아서서 달리기 시작했다. 거리로 나와서야 "아이고, 무서워라!" 하며 야단법석을 떨었다.

어린 우리에게는 사실 문을 열고 나오는 어른들 모두가 괴물 같았다. 어떤 아주머니는 문을 열자마자 우릴 보더니 '너무 귀엽다'라며 소리를 질렀는데 목청이 무당 저리 가라 할 정도였다. 어떤 아저씨는 마치 프랑켄슈타인처럼 키가 무척이나 커서 손에 든 사탕이 작아 보일 정도였다. 그런가 하면 문을 열자마자 실성한 것처럼 바깥으로 뛰쳐나오는 사람도 있었다. 어딘가 모르게 음침해 보였던 그 할아버지가 건넨 말은 고작 "해피 핼러윈"이라는 한마디였지만 발음을 생각해 보면 미국 본토인이 아니었다. 코가 굉장히 높고 눈이 유독 깊었으며 다크서클이 심했다. 동유럽을 여행할 때 보았던 집시의 모습과 비슷했다.

저녁을 먹으러 집에 돌아갈 시간이 되었다. 낙엽이 바스락거리며 바람에 흩날렸다. 이미 사탕을 잔뜩 먹어 밥 생각이 없어진 우리는 근처 공원에서 '부당 이득으로 얻은' 사탕을 나눠 가진 뒤 각자 집으로 돌아갔다. '사탕을 주지 않으면 말썽을 피우겠다'라며 돌아다닌 건 대략 3년의 기간이었는데, 이 할아버지를 만났던 순간을 평생을 잊지 못하고 회상한다.

그 후 우리는 그곳보다 나무는 더 많고 집은 더 적은 롱아일랜드시티로 이사했다. 동네의 집들이 다소 멀리 떨어져 있다 보니 이웃끼리도 비교적 소원했다. 핼러윈 날에 이웃을 찾아가는 아이들 역시 적었다. 예전에는 사탕 주머니를 2~3개는 준비해야 했다면 이제는 하나만 준비해도 남아돌았다. 어쩌다 초인종이 울려도 문을 열어 보면 고작 두세 명의 아이들뿐이었고 그마저도 뒤에는 부모가 함께 서있는 경우가 많았다.

두려움이 증오를 만든다

✦

시계를 현재로 돌려 본다. 뉴욕, 로스앤젤레스 등 여느 도시에서도 핼러윈은 여전히 이색적인 기념일이다. 하지만 예전처럼 아이들이 우르르 몰려다니며 이웃을 찾아가 초인종을 누른다면 가만히 보고 있을 부모는 거의 없을 것이다. 그도 그럴 것이 무척이나 복잡해진 세상이다. 항간에 숨어 있는 소아 성애 변태나 어린아이 납치 사건 등에 대한 보도가 뉴스를 채우는 이 시대에 무슨 일이라도 생기면 어떻게 한단 말인가?

과거에는 이런 적도 있었다. 매년 한 번씩 저녁이면 아이들이 가면을 쓰거나 화장을 한 뒤 집 주변을 도는 것이다. 낯선 이웃집을 찾아가 문을 두드린 뒤 낯선 얼굴을 마주하는 것으로 담력을 키웠다. 바깥세상에 대해 조금 더 알고 두려움을 조금 더 줄였다.

그러나 지금은 누가 감히 이런 모험을 시키겠는가. 현실이 그럴 수밖에 없다는 걸 알지만 나는 조금 아쉽다. 사회가 점점 더 다원화될수록 우리는 오히려 점점 더 조심스러워진다. 어릴 적 우리를 놀라게 하던 어른들과의 만남은 이제 무서운 뉴스로 인해 소원해졌고, 우리는 혼자 겁먹는 일이 더욱 많아졌다.

2016년, '가짜 뉴스'라는 것이 너도나도 다 아는 단어가 아니던 시절, 미국 아이다호주의 도시 트윈폴스에서 시리아 난민이 아이를 겁탈하는 끔찍한 사건이 터졌다. 이 소식은 인터넷을 통해 아주 빠르게 퍼지면서 각 가정과 주요 매체로 전달되었다. 문제는 현지에서 난민을 한 명도 받은 적이 없다는 데에 있었다. 사건은 말 그대로 헛소문이었던 것이다. 그러나 행정 장관이 소문을 부인하려 하자, 실상을 덮기 위해 음모를 꾸민다며 고발을 당했고 각종 무서운 협박을 받았다.

영국 작가 앤드류 스미스Andrew Smith는 이런 말을 한 바 있다.

"우리는 우리가 이해할 수 없는 것을 두려워하고, 동시에 우리가 극복할 수 없는 것을 미워한다."

자신의 두려움을 극복하지 못한다면, 내가 이해할 수 없는 것에 대해서도 증오심이 쉽게 생겨나는 것이 아닐까?

포레스트 힐스에서 만났던 할아버지를 떠올려 보자. 매서운 눈에 잘 웃지도 않고 발음도 이상했던 할아버지. 만약 그때 우리가 끝끝내 용기가 없어서 초인종도 누르지 못하고 할아버지 손에 들린 사탕도 받아들지 못했다면, 할아버지가 건네는 말에 감사 인사도 하지 못했다면, 할아버지는 우리의 상상 속에서 영원히 살인마였을 것이다. 할아버지의 집 역시 영원히 흉가로 남았을 것이다.

어릴 때는 미지에 대해 탐색을 할 기회가 없기 때문에 미지는 곧 두려움 그 자체다. 그러다 성인이 되면 누군가는 배낭을 둘러메고 용감하게 찾아 나선다. 또 누군가는 의도적인 연습을 하고, 이성과 지혜로 참모습을 찾고자 하며 사색과 고증을 하기도 한다. 그러나 이는 극소수의 이야기다. 대부분은 평생을 같은 곳에 머무르면서 똑같은 음식을 먹고 비슷한 사람들을 만나며 같은 매체를 보면서 별생각 없이 살아간다.

미지의 세계를 탐색할 용기를 가져라

✦

사회 심리학자 로버트 치알디니Robert Cialdini는 『설득의 심리학』이라는 책에서 다음과 같은 말을 했다.

"정보가 많아지고 시간이 촉박할수록 우리는 감정적으로 일을 처리하기 쉽다. 과장된 이야기를 더욱 쉽게 믿고, 정보에 대한 검증을 잘하지 못하며, 그림자만 보고도 쉽게 총을 들게 된다."

현재 상황과 무척이나 비슷하지 않은가? 우리는 인터넷이라는 필터를 통해 세상을 바라보고, 세상과 면대면으로 얽히는 일이 줄었다. 주변 사람들이 자신의 사생활을 너무 많이 알게 될까 봐 걱정하면서도 동시에 온갖 사적인 일을 인터넷상에 떠벌리고 세상을 향해 내보인다.

우리는 덜 꾸며 내고 더 행동하며 살아야 하는지도 모른다. 이제라도 한 걸음 나아가 문을 두드려 보자. 새로 이사를 온 이웃이 가까운 정을 느낄 수 있도록. 걸음을 잠시 멈추자. 자주 마주치지만 대화는 나눠 본 적 없는 이웃과 몇 마디 나눌 수 있도록.

1년에 한 번, 독특한 치장을 하고 아이와 이곳저곳을 돌며 사탕을 얻으러 다녀 보는 것도 좋다. 내 삶에서 미지의 영역을 덜고 두려움을 줄이자. 어쩌면 커다란 막대 사탕을 얻을지도 모른다.

좋은 삶은
감사 습관에서 시작된다

———

진정 마음으로부터 우러나오는 감사를 위해서는
뇌 안에 감사 패턴을 만들어야 한다.
'의식하기, 생각하기, 느끼기, 행동하기'로
어릴 때부터 감사하는 습관을 기를 수 있다.

추수감사절은 미국인들에게 소중한 기념일이다. 쇼핑을 하고 칠면
조 요리를 먹는 것도 중요하지만, 나는 '추수감사절'이라는 단어를 마
주하는 모든 사람에게 이 말을 꼭 하고 싶다. 살아가면서 '감사의 마
음을 가지는 것'이 정말 중요하다고.

감사는 참으로 중요한 마음가짐이다. 예의이기도 하지만 우리를
더욱 즐겁게 만들어 주는 태도이기도 하다. 수많은 심리학 연구에서
도 이미 밝혀냈듯 평소 감사하는 마음가짐을 기르면, 살아가면서 잘
풀리지 않는 일도 능숙하게 직면할 수 있고 마인드도 긍정적으로 변

한다.

나처럼 감사 일기를 써본 사람이라면, 아마 대부분이 2주만 지속해도 마인드가 바뀌었다는 걸 느꼈을 것이다. 더 즐거워지는 것은 물론이고 제법 큰 안정감과 만족감도 얻었을 것이다. 감사 일기를 쓰고 오랜 시간이 흐르자, 감사는 이제 내 삶의 일부가 되었다.

표면적인 감사가 아닌 진정한 감사로

✦

그런데 아이를 가르치는 것은 또 다른 문제다. 최근 '감사하는 마음을 기르는 법'에 대한 연구 자료를 보았는데 고개가 절로 끄덕여지는 내용이라 모두에게 공유하려 한다.

일단 어른이든 아이든 할 것 없이 감사는 일종의 예의로서 표면적인 요소가 있다. 이를테면 "감사합니다"라고 말할 줄 알아야 한다든가 답례할 줄 알아야 한다든가 하는 식이다. 그러나 그보다는 마음가짐이 훨씬 중요하다.

감사는 아이들에게는 다소 복잡한 개념일 수 있다. 간혹 감사 표시를 잘 못하는 아이들이 있는데 바로 이런 이유 때문이다. 하지만 대부분의 부모는 감사의 개념이나 필요성에 대한 명확한 설명 없이 무작정 이렇게 말하곤 한다.

"어른이 사탕을 주시면 '감사합니다'라고 말해야지! 네가 달라고 한 것이든 아니든, 이걸 받아서 기분이 좋든 안 좋든 감사하다는 말은 해야 하는 거야!"

　부모로서는 다른 집 아이들은 예의 바른데, 왜 우리 아이들은 일러 주지 않으면 먼저 이야기를 하지 않는 건지 답답할 수 있다. 나 또한 마찬가지다.

　아들 촨촨이 5세 때였다. 어느 날 아들이 빡빡하게 포장이 된 장난 감을 들고 내게 오더니 "아빠, 이것 좀 열어 주세요" 하고 부탁했다. 나는 젖 먹던 힘을 다해 겨우 포장을 뜯어서 안에 든 장난감을 꺼내주었다. 아들은 기분이 좋은지 씨익 웃더니 휙 돌아서서 가버렸다. 그럴 때면 나는 아들을 불러 세우고서 말한다.

　"천만에."

　그럼 아들은 내게 대답한다.

　"고마워요."

　뭔가 아니라는 생각이 들지 않는가? 내가 '천만에'라는 말을 꺼내야만 뒤늦게 '고맙다'라는 인사를 하다니. 나의 아들과 비슷한 아이가 있는 부모라면 생각할 것이다.

　'아이에게 어떻게 감사 표현에 관해 가르쳐 줄 수 있을까?'

　그들에게 말하고 싶다. 감사 표현보다 중요한 건, '어떻게 해야 아이들이 마음으로부터 우러나오는 진심 어린 감사를 느끼게 할 수 있는가'라고.

우리는 결국 연결된 존재다

감사의 마음가짐을 기르는 4단계

✦

최근 노스캐롤라이나대 심리학 교수인 안드레아 후송Andrea Hussong 이 어른과 아이가 감사의 마음가짐을 기르는 방법에 대해 전문적으로 연구한 자료를 보았다. 그녀는 감사의 과정을 크게 4단계로 나눈다.

- **의식하기** notice   일어난 일을 의식하기(예: 상대가 나에게 잘해 준 것에 대한 의식)
- **생각하기** think   일어난 일을 고찰하기(예: 상대가 나에게 잘해 주는 이유를 판단)
- **느끼기** feel   일어난 일이 내게 주는 느낌 파악하기
- **행동하기** do   감사를 표현하기 위한 행동하기

이처럼 그녀가 말하는 감사 패턴은 의식하고, 생각하고, 느끼고, 행동하는 notice-think-feel-do 4단계를 따른다.

그녀는 10일동안 백여 명의 부모를 따라다니며 감사 표현과 관련된 한 가지 실험을 했다. 모두 6~7세 정도 되는 자녀(보통 '감사합니다' 연습을 많이 시키는 연령의 아이들)를 가진 부모였다. 10일 후, 그녀는 부모 대부분이 아이들을 불러서 "감사합니다"라고 말하게 한다는 것을 알았다. 일부는 "(아줌마나 아저씨가) 너에게 이걸 주셨으니까 '감사합니

다'라고 해야 하는 거야'라고 설명을 했다. 3분의 1 정도 되는 부모들은 아이들에게 이렇게 물었다.

"이 물건을 받으니까 기분이 어때? 기뻐? 마음에 들어?"

그리고 그보다 더 적은 수의 부모들은 이렇게 물었다.

"네 생각에 너에게 왜 이렇게 잘해 주시는 것 같아? 왜 네가 오늘 이런 상을 받을 수 있었을까?"

안드레아 후송은 감사의 패턴 4가지를 모두 작동시키면 진심 어린 감사를 느낄 수 있다고 말한다. 이때 패턴을 작동시키는 순서는 먼저 일에 대해 의식하게 하고, 그다음에는 생각을 묻고, 이어서 느낌을 물은 뒤 마지막에는 행동으로 연결하는 것이다.

이렇게 한다면 아이들은 감사하다는 말을 할 때마다 왜 그래야 하는지에 대한 논리가 생길 것이다. 예를 들면 아이와 함께 아이스크림을 사러 간 경우를 상상해 보자. 가게 주인이 아이를 보더니 "아이고, 귀여워라. 자, 여기 하나 더 줄게"라고 말한다. 이때 (나를 포함해) 부모 대부분은 아이 손에 아이스크림을 건네며 이렇게 말할 것이다.

"'감사합니다'라고 인사해야지!"

사실 아이는 "감사합니다"라고 이야기하면서도 왜 그래야 하는지 잘 모를 수 있다. 아이들은 그저 아이스크림 2개에 신이 나 있을 뿐이니까. 그러나 만약 감사 패턴을 활용한다면 이렇게 이야기해 볼 수 있다.

"우리가 아이스크림을 하나만 달라고 했거든. 근데 이것 봐, 사장님이 하나 더 주셨어, 보이지? 왜 더 주셨을까?"

아이들에게는 대답하기 힘든 질문일 수 있다. 그래도 물어야 한다. 부모가 대신 이런 답을 줄 수도 있다.

"왜냐하면 사장님이 네가 좋았나 봐. 너무 귀엽고 착하다고 생각하신 것 같아. 엄마 아빠 옆에서 말썽도 안 피우고 가만히 잘 기다려 주니까 정말 대단하다고 생각하셨나 봐. 자, 이제 아이스크림이 2개나 생겼는데 기분이 어때?"

그럼 아이는 "좋아"하고 대답할 것이다. 그렇다면 우리는 이렇게 이야기할 수 있다.

"그럼 사장님한테 감사하다고 말씀드릴까?"

'의식하기-생각하기-느끼기-행동하기'가 하나의 완벽한 논리로 작동했다. 이 패턴은 단순히 예의 바르게 행동해야 한다는 논리에서 벗어나게 해준다. 특히 우리가 행동과 느낌을 하나로 결합할 때 이 느낌 뒤에는 온전히 감사하는 마음이라는 논리가 숨어 있다.

나는 좋은 삶은 좋은 습관에서 시작된다고 믿는다. 이때 좋은 습관이란 행동만을 이야기하지 않는다. 생각 역시 하나의 습관이다. 감사는 우리 모두가 어려서부터 나이 들어서까지도 배울 가치가 있는 좋은 생각이자 습관이 아닐까?

선의의 거짓말이
필요한 이유

미래에 무슨 일이 일어날지 누가 알겠는가?
그러니 우린 계속해서 이야기해야 한다. 우리의 미래는 분명 더 좋을 거라고.
나와 가족을 위해 그리고 불가능해 보이는 목표에 도전하기 위해서.

오늘날 우리는 무엇이 진심이고 무엇이 가짜인지 구분하기 힘든 사회에 살고 있다.

친구들과 나누는 대화에서도 그렇다. "오랜만에 즐거웠어. 다음에 꼭 다시 만나자!"라는 말에 친구는 전화 너머로 대답할 것이다. "그래, 꼭!" 우리의 '꼭'은 진짜 '꼭'일까?

사장이 무언가 불가능한 임무를 넘겨주며 말한다. "수고하게, 이걸 해낼 수 있는 사람은 자네밖에 없어!" 정말 이 일은 그 사람이 아니면 안 되는 걸까? 아니면 격려 차원에서 하는 말일까? 만약 해내지 못할 경우, 이 일을 해낼 수 있는 사람에게 자리를 내어 주게 되는 건 아닐까?

친구에게 선물을 주었다. 그런데 친구가 난처한 얼굴을 하며 이렇게 말한다. "응, 좋다, 마음에 들어!" 왜 친구의 말과 표정이 일치되지 않는 걸까?

고객과 일 이야기를 나누는 자리에서 상대방이 말한다. "이것도 다 인연인데 힘을 합쳐 잘해 봅시다!" 그런데 왜 계약 이야기만 나오면 칼 같아지는 걸까?'

타인에게 건네는 선의의 거짓말

✦

만일 거짓말을 할 때마다 코가 정말 길어진다면, 아마도 우리는 코로 나무 위의 나뭇잎도 쓸어내릴 수 있을지도 모른다. 나이가 들어가면서 우리는 대부분의 경우 거짓말이 그저 건네는 말일 뿐, 별 의미가 없다는 것을 점점 알아 간다. 진실을 꺼낼 용기가 없어 거짓말을 하는 경우가 있다는 것도 분별해 낸다. 또한 때로는 상대가 선의를 갖고 침묵을 택할 때가 있다는 것과 더 나아가서는 위로와 용기를 주기 위해 애써 진실을 미화해서 이야기하는 경우도 있다는 것을 알게 된다.

미국 작가 오 헨리O. Henry가 쓴 『마지막 잎새』에서 주인공 존시는 심각한 폐렴에 걸려 위독한 상태에 놓인다. 그녀는 침대에 누워 절망적인 얼굴로 창밖을 바라본다. 창문 너머의 담쟁이넝쿨에서 잎이 바람에 하나둘 떨어지고 있다. 존시는 실의에 빠진 얼굴로 친구에게 말한다.

"마지막 잎사귀가 떨어지면 내 생명도 다하겠지."

부정적인 생각과 함께 그녀는 삶의 의지를 잃어 간다. 매일 잎이 하나둘 떨어지는 모습을 바라보면서 삶의 마지막 날을 조용히 기다린다.

그런데 존시가 건강을 되찾을 때까지도 마지막 잎은 떨어지지 않는다. 존시는 바람에 떨어지지 않은 그 잎새가 운이 좋다고 생각한다. 하지만 사실 그 잎은 이웃집의 화가 베어만이 존시 친구에게서 그녀의 상황을 듣고 난 후 그려 넣은 것이었다. 화가가 그린 '영원히 지지 않는' 잎사귀를 보며 존시는 다시 살아갈 희망을 얻고 건강을 되찾는다.

어떤가, 선심이 가득한 최고의 거짓말이지 않은가?

한때 이런 생각을 한 적이 있다. '겉치레로 하는 말'을 거짓말이라고 볼 수 있을까? 분명 별로 만나고 싶지 않은 사람인데도 곧잘 "이렇게 얼굴 보니까 좋다"라는 말을 하고 있지 않은가. 이런 유의 거짓말에서 자유로울 수 없는 건 사실대로 말할 용기가 없어서가 아니다. 사실을 이야기하는 게 전혀 도움 되지 않으며 오히려 기분만 상하게 만든다는 것을 알기 때문이다. 사실을 이야기하는 건 때로는 용감하고 성숙한 것이 아니라 오히려 제멋대로에 이기적인 행동이 된다.

그래서 우리는 빈말을 하게 되고 또 그것에 익숙해진다. 간혹 배우자에게 "아, 그 옷 입으니까 정말 예쁘다. 하나도 안 뚱뚱해 보여!"와 같은 선의의 거짓말을 할 때도 있다. 상대방을 사랑하기 때문에 최근 들어 약해져 있는 자존감에 상처를 주고 싶지 않은 마음인 것이다. 아이들에게는 이런 말을 하기도 한다. "수술 금방 끝나. 하나도 안 아파. 잠깐 자고 나면 끝나 있을 거야." 전신마취를 해야 하니 안 아픈 건 맞다. 그저 마취에서 깨고 난 뒤의 불편함, 그리고 회복까지 걸릴 시간에 대해 말하지 않았을 뿐이다. 곧 차가운 수술실에 들어가게 될 아이를 안심시켜 주고 싶은 마음인 것이다.

나에게 건네는 선의의 거짓말

✦

어른이 되고 나서야 선의의 거짓말도 달콤할 수 있다는 것을 알았다. 산타 할아버지의 진실을 알았을 때도 그랬고 유명한 이탈리아 영화 「인생은 아름다워」를 보면서도 그랬다. 영화에는 수용소로 끌려가게 된 어느 유태인 부자가 나온다. 아버지는 아들을 안심시키기 위해 거짓말로 수용소 생활이 게임이라고 말한다. 이 작품은 훗날 미국 아카데미 시상식에서 3관왕을 달성했다. 관객들은 아버지의 선량한 거짓말에 무척이나 감동을 받은 것이다.

어쩌면 우리도 고민이 있을 때 나 자신에게 선의의 거짓말을 해야 하지 않을까. 긴가민가하고 확신이 없을 때 "분명 잘해 낼 거야!"라고 말해 보자. 두려운 마음이 가득할 때는 "조금도 무섭지 않아!"라고 말해 보자. 내면의 복잡한 생각을 마주하고 있을 때도 나 자신에게 이런 말을 건넬 수 있어야, 눈물을 거두고 가족들이나 다른 사람에게 웃으며 "걱정하지 마세요! 저 잘할 거예요!"라고 이야기할 수 있는 것이다.

수천 수백 년 전, 우리 선조들 역시 선의의 거짓말로 서로를 격려했는지도 모른다. "저 산을 넘고, 저 바다만 건너면 거기엔 풍요로운 천국이 있을 거야!", "물론이지. 그러니까 앞서갔던 사람들이 아직도 안 돌아온 거 아니겠어!", "다 잘 될 거야! 무당이 제단에서 그렇게 이야기했다니까!"와 같은 말을 나누면서. 그리하여 그들은 가방을 메고 눈앞에 보이는 그 황량한 곳으로 용감하게 발을 내디뎠을 것이다.

때로는 선의의 거짓말과 용기로 건넨 거짓말을 믿어야만 위험에 맞설 수 있다. 미래에 무슨 일이 일어날지 누가 알겠는가? 그러니 우린 계속해서 이야기해야 한다. 우리의 미래는 분명 더 좋을 거라고. 나 자신을 위해, 가족을 위해, 그리고 불가능해 보이는 목표에 도전하기 위해서.

매 순간
마음을 더 많이 쓰자

바쁘게 살다 보면 삶이 빠르게 흘러가는 것처럼 느껴진다.
그 안에서 정성을 다해 이모저모를 음미할 때,
좋은 것이든 나쁜 것이든 깊은 행복감을 느낄 수 있다.

삶에서 만나는 중요한 순간들을 떠올려 보면 대부분 우연히 일어
난 것처럼 여겨지곤 한다. 그렇다면 우연에서 나아가, 우리가 적극적
으로 나서서 의미 있는 순간을 더 많이 만들어 낼 수는 없을까?

평범한 순간이 빛이 되도록

◆

언젠가 가족들과 호주의 골드코스트를 여행할 때였다. 차로 1시간

정도 거리에 있는 마을인 탬버린 마운틴으로 차를 몰고 떠났다. 아름답고 광활한 풍경을 따라가는데 햇살과 파란 하늘, 그리고 청록색 산이 마치 한 폭의 움직이는 유채화 같았다.

우리는 어느 산골 마을의 시장에 차를 세웠다. 아내는 손수 제작된 작은 녹나무 테이블을 보더니 피크닉에 딱 좋겠다며 너무나 마음에 들어 했다. 짐 가방에 들어갈까 걱정이 조금 되었지만 아내가 너무 좋아해서 결국에는 사기로 했다.

아이들은 옆에 있던 카트장을 보았다. 카트장은 작았지만 스피드가 엄청났다. 줄이 길지 않아서 아이들과 함께 몇 번이고 탔는데 정말 스릴 만점이었다. 현지 농민이 만들어서 파는 핫도그도 먹었다. 빵 2개를 나란히 이어서 집어 들어도 모자랄 만큼 엄청 긴 핫도그였다.

그리고 산골 전체가 내려다보이는 곳에서 가족사진을 아주 많이 찍었다. 아내와 햇살 아래에 앉아 커피를 마시는 동안 두 아이는 신이 나서 쫓고 쫓기며 놀다가 첸첸이 넘어졌다. 무릎이 깨져서 한참을 울었다.

돌아오는 길, 차는 막혔지만 노을이 참 아름다웠다. 우리는 일부러 길을 돌아 이름난 해산물 가게에 갔다. 신선한 대하와 피쉬 프라이, 프렌치 프라이를 먹고 날이 어둑해져서야 호텔로 돌아왔다.

취침 전, 아이들에게 물어보았다.

"오늘 진짜 풍성한 하루였다! 너희는 어떤 게 가장 기억에 남아?"

두 아이는 "해산물 먹은 것!"이라고 먼저 대답하더니 이어서 "핫도그도 먹었어"라고 하다가 또다시 "아직 문을 안 연 곳도 갔었지"라고 말했다. 아름다운 풍경 이야기는 나오지 않았다. "그럼 엄마가 한참 고민하다가 샀던 피크닉 테이블은?"이라고 묻자, 별생각이 없는 모양이었다. "스릴 넘치던 카트는?"이라고 묻자, 그제야 아이들은 "아, 맞다!"라고 했다. 둘이 뛰어놀다가 첸첸이 무릎을 다쳤던 일은 아무도 언급하지 않았다.

"너희한테 가장 기억에 남았던 게 고작 먹고 마시는 일이었다면, 그럼 그냥 대만에 있으면 되겠네!"

아이들에게 농담조로 한 말이지만 사실 마음속으로는 알고 있었다. 어떤 일에 대한 기억과 관찰은 사람마다 다르다는 걸. 하지만 내가 당연히 인식했어야 한다고 여기는 일을 다른 사람이 인식하지 못하거나, 혹은 당연히 신경 써야 한다고 생각한 일을 다른 사람이 그냥 지나칠 때는 조금 실망할 수밖에 없다. 어쩌면 '아예 관심이 없었던 건 아닐까?' 하는 생각 때문에 괴로워할지도 모른다.

사랑하는 사람에게 평생 잊지 못할 추억을 만들어 주고 싶겠지만, 경험이라는 것은 지극히 개인적이고 주관적이라는 것을 반드시 알아야 한다. 상대가 해당 경험을 어떻게 바라보느냐, 그리고 어떤 중요성과 의의를 부여하느냐는 내가 결정지을 수 없는 것이다.

그렇다고 해서 대충 살아도 된다는 뜻은 아니다. 각자 자신이 필요한 만큼 취하면서 자신만의 즐거움을 찾아낼 수 있다. 때로는 그저

'각본에 맞춰' 연기하는 배우가 되어 '귀중한 순간'을 수동적으로 받아들이고 적극적으로 만들어 내지 않을 때도 있다. 그러나 매 순간의 소중함을 인식할 수 있다면, 평범한 순간에도 정성을 다해 더 많은 감정을 부여할 수 있지 않을까. 그 방법은 바로 평범한 순간이 '빛을 보도록' 하는 것이다.

순간을 음미하면 행복해진다

✦

『순간의 힘』이라는 책에 나오는 훈훈한 일화가 있다. 어린 남자아이가 가족과 함께 휴가를 다녀왔다. 그런데 아이가 아끼던 기린 인형 조시를 호텔에 두고 온 사실을 깨닫는다. 집 안 가득 긴장감이 맴도는 순간 아빠는 일단 "조시는 아직도 휴가를 즐기고 있는 거야"라며 아이를 안심시킨다. 그리고 호텔 직원에게 연락해 조시를 찾아서 집으로 하루빨리 부쳐 달라고 부탁한다. 또한 아이가 안심할 수 있도록 조시의 사진을 한 장 찍어 달라고 요청한다.

얼마 후 호텔 직원은 사진이 아니라 사진첩을 보내 준다. 안에는 조시가 수영장의 긴 의자에 앉아 있는 모습부터 골프 카트를 미는 모습, 스파에서 마사지를 받는 모습(심지어 눈에는 오이 마사지 중), 그리고 앵무새와 노는 모습까지 담겨 있었다. 호텔의 정성과 재치가 가득 담긴 행동 덕에 이 작은 에피소드는 온 가족이 평생 잊지 못할 추억으로 변모했다. 게다가 이 일이 알려지자 호텔의 명성이 자자해졌다. 상당히 성공적인 퍼블릭 마케팅 사례라고도 할 수 있다.

우리는 개인의 삶, 업무 등 영역을 막론하고 '예상 뒤엎기'와 '재미 만들기'라는 원칙을 통해 잊지 못할 경험을 만들 수 있다. 불행한 일이 닥쳤을 때도 그 일에 더 많은 의미와 에너지를 부여함으로써 우리의 나쁜 습관을 바꾸고 다른 사람을 격려해 줄 수 있다. 더 나아가서는 좌절을 긍정으로 바꾸는 전환점으로 삼을 수도 있다.

바쁜 삶을 살다 보면 하루하루를 마치 한데 엉겨 붙어 있는 것처럼 휙 하고 보내 버리기 쉽다. 삶의 이모저모를 정성을 다해 음미할 수 있다면 좋든 나쁘든 상관없이 모든 경험을 깊이 있게 체험하고 느낄 수 있다. 이는 우리의 행복감에 굉장히 중요한 것이다. 그날그날의 좋았던 경험을 돌이켜 보는 것 또한 가정의 행복을 만드는 데 아주 효과적인 방법이다.

그러니 작은 행동부터 시작해 보자. 매일 저녁, 하루를 돌이켜 보면서 매 순간에 더욱 정성을 다하는 내가 되기를, 일상의 평범함은 특별함이 되기를 바란다.

진정으로
함께한다는 것

———

인터넷이 공기처럼 보편화되고
과학 기술의 발달로 인한 외로움이 누구나 아는 문명병이 되면,
우리는 대면 가능한 공간을 더 많이 만들어 낼 것이다.
함께 외로워하는 것이 아니라 진정으로 함께하는 것이 가능해지도록.

"며칠 전에 집에 들어갔더니 아들이 친구들이랑 주방에 있더라고.
근데 걔네가 뭐 하고 있었는지 알아?"

친구는 기가 차다는 얼굴로 말을 이었다.

"젊은 애들이 식탁에 모여 앉아서는 입도 뻥긋 안 하고 각자 휴대
폰만 보고 있더라니까! 그래서 내가 아들한테 그랬지. 그럴 거면 혼
자 놀든지, 아무것도 안 할 거면서 뭐하려 친구들을 부르냐고. 그랬
더니 아들이 그러더라. "아빠, 이게 바로 '함께 외로워하기'예요!'"

'함께 외로워하기'라니, 아, 이 얼마나 나이답지 않은 생각인가! 옛

날 같으면 불행한 결혼 생활이나 양로원에서의 서글픔을 연상하게 했을 표현이 지금은 아이들 사이에서도 자주 쓰이고 있다.

'함께 외로워하기'는 오늘날 도시의 실루엣이라 할 수 있다. 대도시를 채우는 인구는 날로 늘어 가는데 거리감은 좀처럼 줄지 않았다. 출퇴근 시간의 지하철역은 수많은 사람으로 붐비지만 모두가 서로를 피해 움직이기 바쁘다. 머리에 커다란 헤드폰까지 끼고 있어 마치 모두 '감각 절연체'가 된 것 같다. 오늘날 인류 사회의 문명이 이렇게 빠르게 발전을 이루고도 서로 섞이지 못하는 상태는 대부분의 사람들이 경험해 보지 못했을 것이다.

외로운 사람은 우울하다

✦

중국 빈저우대 심리학과는 한때 빅데이터 연구를 진행했다. 수만 명의 페이스북 이용자들이 1년 동안 남긴 게시물을 바탕으로 가장 자주 사용한 단어를 시각화한 뒤, 이 단어와 이용자의 심리 검사 결과를 두고 비교 분석한 것이다. 그 결과, 심리 상태에 따라 자주 사용하는 어휘에 차이가 있다는 것을 발견했다.

우울증과 가장 관련 있는 단어는 무엇이었는지 짐작할 수 있겠는가? 그것은 바로 '외로움'이었다. 외로움이라는 단어의 사용이 우울증과 가장 관련 있는 것으로 나왔다면, 외로움이라는 감정은 또 우울증과 얼마나 큰 연관성을 갖고 있을까?

'우울'이라는 단어는 동력이 저조하고 결핍된 상태를 말한다. 우울 증이 있는 사람은 대부분 아무것도 하고 싶지 않아 하고 외출도 꺼리며 메시지 답장도 잘하지 않는다. 사람들과의 대면 접촉은 더욱 꺼린다. 그러나 혼자 집에 있는 시간이 길어질수록, 그리고 사람들과의 접촉이 없을수록 상호 작용에서 얻는 활력과 유쾌함은 갈수록 부족해지고 극도의 외로움을 느낄 가능성까지 있다.

최근 우울증 환자의 비율이 크게 늘고 있는 것도 어쩌면 집에 혼자 있기를 택하는 사람들이 많아지고 있기 때문일지도 모른다. 집에 혼자 있어도 전자 제품은 활용할 수 있으니 마치 이 세상과 상호 작용을 이어 가고 있는 것 같지만, 컴퓨터와 휴대폰을 끄는 순간 혼자 외로운 상태가 된다. 심리학에 따르면 식욕, 수면욕, 성욕 외에 타인과의 상호 작용 역시 일종의 기본 욕구에 속한다. 또한 그 중요성은 과거에 인지했던 것보다 훨씬 커졌다. 그래서 우리는 간혹 상호 작용이 가져다주는 유쾌한 감정을 찾을 때가 있다.

한때 과학자들은 SNS를 보고 있는 사람의 뇌 활동을 MRI를 통해 관찰한 적이 있었다. 그 결과 친구에게서 '좋아요'를 받았을 때 활성화되는 부위가 포옹을 할 때와 흡사하다는 것을 발견했다. 그러나 이 '가짜 포옹'이 진짜 신체 접촉의 효과를 완벽하게 대신해 주지는 못했다. 만약 SNS가 신체 접촉과 같은 정도의 만족감을 줄 수 있었다면 우리는 SNS를 하는 만큼 즐거워져야 맞는 것이다. 하지만 최근에 나온 종합적인 분석에서도 알 수 있듯 인터넷을 하는 시간이 길면 길수록 즐거움과는 점점 멀어지고 갈수록 더 외로워진다.

그러므로 우리가 보아 온 이런 현상들은 그저 일종의 대체 감미료 같은 효과이다. 칼로리는 있어 보이나, 그저 맛만 내주는 것일 뿐 영양분이 별로 없다.

전에 뉴욕에 돌아가 보니 길거리에 노숙자들이 더 늘어 있었다. 아마도 여름이 되어 그런 것 같았는데 거의 모든 길목에 몇 명씩 앉아 있었다. 남자뿐만 아니라 부녀자에 젊은이까지 있었는데, 내가 더욱 놀란 건 그중 절반이 중얼중얼 혼잣말을 하고 있었다는 사실이다. 심리학을 공부하지 않아도 우리는 그것이 정신 질환의 증세라는 걸 안다. 그들은 환각과 환청에 빠져 있었다. 마치 옆에 친구를 둔 것처럼 대화를 나누고 있었는데, 사실 그들 앞에 보이는 건 도로를 달리는 차량의 행렬과 지나가는 행인의 다리뿐이었다.

며칠 전에는 다운타운에서 기이한 광경을 목격했다. 담 모퉁이에 노숙인 한 명이 기대어 있었는데 어느 가상의 원수를 향해 고래고래 소리를 지르는 것이다. 멀지 않은 곳에는 정장을 차려입은 남자 한 명이 서 있었는데 그 역시 큰 소리로 혼잣말을 하고 있었다. 그런데 남자가 고개를 돌리는 순간 귀에 꽂힌 블루투스 무선 이어폰이 보였다.

옛날 사람들이 오늘날 우리의 수많은 행동을 본다면 정신 이상자라고 생각할지도 모른다. 손에 든 조그마한 네모 상자를 들여다보며 울고 웃는 우리, 지하철 좌석에 앉아 시선의 교류는커녕 호기심 어린 눈빛조차 보이지 않는 수많은 사람, 식탁에 둘러앉아 고개를 숙인 채 손가락만 바쁘게 움직이는 사람들까지.

하지만 우리의 내면 깊은 곳에서는 여전히 서로를 필요로 한다. 우리는 온기를 가진 동물이기에 같은 공간에서 나와 같은 부류와 온기를 주고받아야 하는 것이다. 그 때문에 함께 머무는 공간은 필수적이면서도 또 어색한 과도기가 되어 버렸고, '함께 외로워하기'와 같은 기이한 상태를 띠게 되었다.

그럼에도 나는 사람과 사람이 서로 알아 가고 접촉해야 할 필요성만큼은 절대 변하지 않을 거라 믿는다. 이것은 우리가 사회적 동물로서 수십 만년의 진화를 거치며 뇌의 밑바닥에 기록된 생존 양식이기 때문이다.

결국 우리는 연결된 존재

✦

앞서 언급한 '물극필반'이라는 말처럼 사회와 문화 역시 윤회가 일어난다. 어떠한 현상의 발전이 극에 달할 때 인간 본성의 궤적에 붙들려 다시 한 바퀴를 돌게 되는 것이다. 이를테면 디지털 녹음 기술이 '음의 일그러짐이 조금도 없는' 수준까지 발전하자 도리어 LP판이 역습을 했다. 클릭만 하면 쉽게 음악을 들을 수 있는 시대인데도 음반을 수집하는 사람도 많아졌다. 음이 조금 일그러지고 잡음도 있지만 인간미가 느껴지는 음악에 한껏 취하기도 한다.

최근 온라인 쇼핑몰에 완전히 무너졌던 오프라인 상점은 아주 오랫동안 얼어붙어 있었으나 일부 오프라인 소매점은 다시 상승세를 보이기 시작했다. 미국의 경우, 특히 독립 서점의 부활이 눈에 띈다.

근래에 보았던 기사에서 브루클린 포트그린에 있는 독립 서점 사장은 이런 말을 했다.

"우리는 손을 맞잡으며 책을 사고팔아요. 인터넷 서점에서는 불가능하죠."

손을 맞잡으며 책을 사고판다니, 이보다 적절한 묘사가 또 있을까! 신체적 감각이 확 느껴지는 이 표현은 점원과 고객 사이의 교류와 더불어 고객이 필요로 하는 것을 이해하고 그에 맞춰 추천해 주고 있음을 보여 준다. 마치 점원이 고객의 손을 잡고 맥을 짚어 기계의 알고리즘은 찾아내지 못하는 것을 살피고, 고객의 눈빛에서 진짜 필요로 하는 것이 무엇인지를 판독해 내는 것처럼.

이것이 바로 AI와 빅데이터가 여전히 흉내 내지 못하고 있는 부분이며 미래 사회에서 인간이라는 존재가 갖는 가장 큰 가치이기도 하다. 말속을 잘 알아듣고, 눈빛 뒤에 숨겨진 감정을 알아차리며, 말투의 온기를 느끼고, 사람 냄새를 맡을 수 있는 것은 인간이다. 언제든 즉각 모일 수 있는 이런 시공간에서는 하늘이 우리에게 준 감각을 재시동해야 더 진실한 정보를 얻을 것이다.

어쩌면 머지않은 미래에 인터넷이 공기처럼 보편화되고 과학 기술의 발달로 인한 외로움이 누구나 아는 문명병이 되면, 우리는 대면이 가능한 공간이나 사회적인 에티켓을 더 많이 만들어 낼 것이다. 단순히 '함께 외로워하는 것'이 아니라 진정으로 '함께하는 것'이 가능해지도록.

삶의 많은 순간에는 우리가 모르는 사이

결정적 역할을 해준 누군가가 있었을 것이다.

그들이 미친 영향이 하나둘 이어져

우리를 지금의 삶으로 이끌어 준 것이 아닐까.

이렇게 우리는 서로의 삶을 지탱하며 살아간다.

공존에서 나아가 더 나은 관계를 위한 여정을 시작해 보자.

4장

더 나은 관계는
나로부터 시작한다

우리는 언제나
삶의 의미를 찾는다

냉랭하고 이성적인 시선을 가진 사람보다
모든 일에는 그 뜻이 있다는 걸 믿는 사람의 삶이 훨씬 즐겁다.

요즘 대부분의 차는 차량용 블랙박스를 갖고 있다. 그래서 웹 서핑을 하다 보면 기이한 교통사고 현장이 담긴 동영상을 종종 볼 수 있다. 그중 내게 강렬한 인상을 남긴 영상이 하나 있다. 동영상은 어떤 사람이 느긋하게 횡단보도를 건너가는 모습에서 시작된다. 이때 한 승용차가 적색 신호를 무시하고 달리다가 같은 방향으로 주행하던 대형 트럭에 부딪힌다. 순간 승용차는 빙그르르 돌면서 길을 건너던 행인 쪽으로 돌진하는데, 두 바퀴를 돌고는 교묘하게 행인 옆을 지나간다. 사거리는 여기저기 잔해 부스러기로 엉망진창인데 행인만 조금의 상처도 없이 무사했다. 행인은 나중에 인터뷰를 통해 이렇게 말했다고 한다. 차가 돌진해 오던 순간, 어떤 신명한 힘이 느껴졌는데, 그 힘이 마치 바람처럼 차를 밀어냈다고.

모든 것에 의미를 찾는 우리들

✦

나는 궁금했다. 그는 어떻게 화를 면할 수 있었을까? 정말 천사가 구해 주기라도 한 걸까?

이런 가능성도 있겠다. 도무지 이해가 안 되고, 이성적으로 받아들여지지 않는 경험이지만, 여기에 특별한 의미를 부여하기 위해 스스로 마음속에서 그려 낸 이야기는 아닐까?

물론 우리는 그가 겪은 이 일이 단순한 우연일 뿐이라고 말할 수도 있다. 별 의미 없이 그저 순수하게 운이 좋았을 뿐이라고. 하지만 그게 당사자에게 더 좋은 걸까? 어떤 대단해 보이는 일이 그저 '땡잡은 것'으로만 여겨질 때, 당사자는 기분이 좋을까?

그렇지만은 않을 것이다. 그러나 한 가지 분명한 건, 우리는 누구나 삶에서 의미를 찾으려 애쓴다는 점이다. 이것은 일종의 인간 본능이다. 게다가 이 의미는 우리의 심리적 건강에도 중요하기 때문에 우리는 늘 의미 없는 우연에 특별한 의미를 담곤 한다.

'의미 찾기'라는 행운의 기술

✦

심리학에 '텍사스 명사수의 오류Texas Sharpshooter Fallacy'라고 불리는 용어가 있다. 예전에 사격을 잘 못하는 서부 카우보이가 있었는데, 그는 매일 벽을 향해 엉망으로 총을 쏘았다. 벽에는 총알 자국이 몰린 부분과 듬성듬성한 부분이 생겨나기 시작했다. 카우보이는 머리를 굴려 총알 자국이 몰린 부분에 과녁을 그려 넣었다. 그러자 마치 대단한 사격수의 결과물처럼 보였다. 총을 먼저 쏘고 과녁을 나중에 그리는 이런 행동은 마치 우리가 우연히 일어난 어떤 일에 의미를 부여하는 행동과 닮았다.

사실 우리는 매일 이런 행동을 반복한다. 하지만 이게 잘못된 걸까? 난 그렇지 않다고 생각한다.

비록 나는 과학 연구 방법과 통계를 신봉하지만, 의미를 더 많이 신봉하는 사람이기도 하다. 그 이유는, '의미의 힘'을 믿기 때문이다. 우리가 어떠한 일 속에서 의미를 찾으면 그 자체로 일종의 동력이 되어 더 큰일을 해낼 수 있도록 이끌어 준다.

예를 들어 앞서 이야기했던 차 사고 현장의 행인을 생각해 보자. 만약 그가 이 세상에 남아 좋은 일을 하며 살아가라고 하늘이 구해 준 거라 믿고 열심히 선행을 베풀어 자선가가 된다면 그 또한 좋은 일이지 않은가? 이번 우연이 그의 인생에 뜻깊은 일이 되었다면 그것이 진짜든 가짜든 결과적으로는 긍정적 가치가 있다.

이와 관련된 나의 이야기를 해보자면, 나의 어머니와 아내, 그리고 딸은 음력 생일이 같다. 이 또한 엄청난 우연이지 않은가?

사실 그렇게 진귀한 일은 아닐 수도 있다. 확률상으로 따져 볼 때 백 명 중 생일이 같은 사람이 셋이라면 70퍼센트의 확률이니 꽤 높은 것이다. 우리가 아는 사람 중 생일이 같은 사람 세 명을 찾는다면 얼마나 될까? SNS만 살펴보더라도 나와 같은 날 태어난 친구들이 종종 보인다.

하지만 만약 이 셋이 내 삶의 가장 중요한 여인들이라고 한다면 그의미는 상당히 달라진다. 나에게 이것은 어떤 의미일까? 나는 나와 어머니, 아내, 그리고 딸 사이에 특별한 인연이 있다고 믿는다. 어머니도 아내를 무척이나 좋아하고 딸을 특히 예뻐한다. 인연이라고 믿기 때문이다. 이 의미는 우리 가족의 가장 큰 행운이 되었다.

이것은 사람들과 관계를 형성할 때도 좋은 사교 기술이 된다. 새로운 친구를 사귈 때 최대한 대화 속에서 공통점을 찾아보는 것이다. 정확할수록, 그리고 교묘하게 일치할수록 효과는 배가 된다. 어릴 적에 같은 곳에서 자랐다든가 학교에서 한때 같은 스타일의 사람을 짝사랑했다든가 어떤 음식을 먹을 때 독특한 방식을 쓴다든가 하는 것 등이 있다. 공통점이 무엇이든 그걸 찾은 순간, 감탄하며 의미를 부여하자. 공통점에 의미가 부여되고 그것이 인연이 되면, 좀 더 깊이 있는 관계를 만드는 데 도움이 될 것이다.

때론 교묘한 수단을 쓰는 것처럼 보일 수도 있다. 하지만 사람을 사귈 때는 일단 동기를 보아야 한다고 생각한다. 진심으로 누군가와 좋은 사이가 되고자 한다면, 그리고 그것이 상대방을 유혹하거나 이용하기 위함이 아니라면, 두 사람을 더욱 가깝고 더 깊은 인연으로 만들어 주는 기술인데 나쁠 건 없지 않은가?

과거의 나는 논리와 과학 지식으로 친구들과 논쟁하면서 그들이 말하는 각종 모순적인 미신을 깨부수곤 했다. 하지만 이제는 고개를 끄덕이며 웃는다. 친구들의 이야기에 놀라움과 부러움을 드러내기도 한다. 왜냐하면 냉랭하고 이성적인 시선을 가진 사람보다 어디서든 우연을 만나고 인연을 만들어 내며 모든 일에는 그 뜻이 있음을 믿는 사람이야말로 삶이 훨씬 즐겁다는 걸 이제는 알기 때문이다.

속물근성이 만드는
오해에서 벗어나라

속물근성은 한 사람의 일부로 전부를 판단하는 것이다.
하지만 인생은 타협이 필요한 순간으로 가득하다.
나 자신에게 충실하려 애쓰기 전에 속물근성부터 고쳐야 한다.

국내외를 막론하고 직장에서 누군가와 악수를 나누면 습관적으로 명함을 건넨다. 특히 아시아에서는 명함 내용에 따라 만남의 시간부터 회의 후 배웅의 여부, 심지어는 인사를 나눌 때의 몸의 각도까지도 결정되곤 한다. 워낙 모두에게 익숙한 일이라 이제는 일종의 윤리가 되었다.

최근 영국 작가 알랭드 보통Alain de Botton의 강연을 보았는데 명함에 관한 이야기가 나왔다. 그는 명함으로 인간관계의 교류를 결정하는 것은 일종의 '속물근성snobbery'이며 이는 현대 사회의 큰 문제라고 말한다. 그리고 속물근성이란 '다른 사람이 나의 작은 일부를 가지고 나에 대한 전체적인 결론을 내리는 것'이라고 새롭게 정의 내렸다.

이 말을 듣고 내 이야기를 한 것 같아 깜짝 놀랐다. '세상에, 나도 속물근성이 있었던 말인가?'라고 자문하며 스스로를 돌아보게 되었다. 한평생 '외모로 사람을 판단해서는 안 되며 잇속에 따라 행동해서는 안 된다'라고 교육을 받았는데도, 속물근성은 내 안에 자리하고 있었던 것이다.

다른 사람의 기대에 충실하다는 것

✦

과거의 삶을 돌아보니 나는 언제나 다른 사람의 속물근성 수혜자였다. 내가 하버드대를 졸업했다고 하면 대부분이 굉장하다는 얼굴로 바라보았기 때문이다. 이것은 복이기도 하지만 일종의 도전이기도 했다. 후광이 머리에 드리워진 상태에서 나에게 쏟아지는 기대가 있으니 행동이 다소 불편해질 수밖에 없었다.

첫 직장 상사는 수시로 내게 말했었다. "잘해 봐! 자네 같은 하버드 수재한테 이런 간단한 일은 아무것도 아니지?" 다른 사람 못지않게 훌륭하다는 걸 증명해 보이기 위해 나는 늦은 시간까지 야근을 일삼았다.

예전에 광고를 찍을 때는 먼저 나서서 잡일을 하며 제작진을 도왔다. 동료들과 하나가 되어 어울리고 싶었기 때문이다. 훗날 문득 깨달았다. 나는 나 자신에게 충실한 것과 다른 사람이 기대하는 내 모습에 충실한 것을 구분하지 못하고 있었다는 것을.

학술계에서 창작 업계로 넘어온 지금까지도 나는 결코 무한 경쟁의 일원이 아닌 줄 알았다. 하지만 나는 '내가 생각하는 것이 곧 나I am what I think'라고 생각했는데, 바깥세상에서는 '내가 하는 일이 곧 나I am what I do'였던 것이다. 라디오 DJ를 하던 시절, 나의 제1원칙은 언제나 더 잘하려고 노력하는 것이었다. 이 원칙만 잘 지키면 성공은 시간문제라고 굳게 믿었다. 게스트가 먼저 찾아와 줄 것이고 동료들에게도 존경받을 거라고 믿었다. 하지만 그렇지 않을 수도 있다는 걸 나중에 알았다. 자기 홍보를 잘하지 못하고 좋은 관계를 만드는 데 서툰 사람이 심지어 '유리한 자리를 선점'당하면 기회를 잃어버리고 곤경에서 빠져나오기도 어렵다.

일부만을 알면서 전부를 아는 듯하지 마라

✦

그러므로 일을 하는 데 있어 나 자신에게 충실하고자 한다면 반드시 외부의 평가 역시 받아들여야 한다. 최소한 다른 사람이 나를 어떻게 보고 있는지에 대해 제대로 파악을 해야 그들의 기대에 어떻게 대처해야 할지 알 수 있다. 자신의 길을 과감하게 걷고 있는 사람 중 아직 성공하지 못한 사람들은 타인의 오해를 가장 두려워한다.

친구 중 한 명은 내게 이런 이야기를 털어놓았었다.

"아주 오래전에 내가 가장 원하는 게 뭘까 생각해 봤거든. 나는 편안하게 살고 싶더라고. 편안하게 살려면 돈이 필요한 거야. 그래서 열심히 돈을 벌자 생각했지!"

친구는 필사적이었다. 고객이 호텔을 원하면 데리고 갔고 봉투를 원하면 돈을 찔러주면서 접대를 칼같이 했고 그 결과 사업을 크게 키웠다.

예술계에 종사하는 또 다른 친구의 경우, 이상理想은 가득하나 주머니는 가벼웠다. 영감을 찾으러 외국에 나가기 위해서는 돈을 모아야 했다. 그래서 친구는 작품의 예술성은 낮추고 상업적인 요구에 맞추면서 씁쓸한 타협을 했다.

두 친구는 사적인 자리에서 서로에 대한 불만을 표현했다. 예술가 친구는 사업가 친구에게 '이상이 없다'라고 했고 사업가 친구는 예술가 친구에게 '돈만 안다'라고 했다. 사실 두 사람 모두 자신의 목표에 충실하면서 자신만의 원칙에 따라 살아가고 있지만, 속물근성의 눈으로 서로를 바라볼 뿐이었다. 제삼자인 내 눈에 그 둘은 오십보백보였다.

그러므로 우리는 나 자신에게 충실하기 이전에 속물근성부터 고쳐야 한다. 인생에는 필연적으로 타협해야 할 것들이 가득하다. 연민과 관용을 배우고, 일방적인 상황만으로 누군가의 전부를 추측하고 그

것이 정확하다고 믿는 일이 없어야 한다. 속물근성이 만들어 내는 오해를 떨치면 모두가 자신에게 충실한 삶을 살아갈 수 있다고 믿는다.

맹점은 더 나은 어른이
되기 위한 기회다

타인과 소통할 땐 열린 마음으로
나의 맹점을 공들여 관찰하고 개선해야 한다.
맹점이 있다는 건 나쁜 것이 아니다.
오히려 '더 좋은 사람'이 될 수 있는 기회다.

이런 상상을 해보자. 어느 날, 친구와 별일 아닌 이야기를 나누는
데 의견이 맞지 않았다. 처음에는 서로가 이성적으로 자신의 의견을
피력했지만 결국은 감정이 올라오고 말았다. 이미 싸움을 위한 싸움
이 된 것이 명백한데도 멈출 수가 없는 상황이다.

"애초에 별일도 아닌 걸 가지고, 뭘 그렇게 펄쩍 뛰어?"
"너도 뭘 그렇게 예민하게 그래?"

결국 두 사람 모두 불쾌해진 기분으로 헤어진 뒤 오랫동안 연락을 하지 않는다. 혹시 당신도 이런 일을 겪은 적이 있는가?

소통의 가장 큰 맹점은 나에게 있다

✦

타인과 논쟁을 할 때, 우리는 상대방의 표정과 말투, 보디랭귀지 등이 주는 신호는 정확히 감지하면서 자기 자신의 표정이나 목소리는 그다지 의식하지 못한다. 또 자신의 언행이 상대방의 감정과 반응을 만들어 냈을 가능성 역시 생각하지 못한다.

평소라면 자신의 말과 행동이 타인에게 영향을 줄 수 있다는 것을 충분히 자각할 수 있다. 그러나 감정이 격해지기 시작하면 상대방의 표정을 포함해 주변 환경에서 느껴지는 위협에 극도로 신경을 쓰게 된다. 동시에 '자신을 알아차리는' 능력은 점차 약해진다. 자신의 화난 표정 때문에 상대방 역시 화난 얼굴을 하고 있을지 모른다는 사실을 아예 눈치챌 수가 없는 것이다. 마치 거울을 보고 있으면서도 그 사실을 모르고 있는 것과 같다. 소통의 가장 큰 맹점이 바로 여기에 있다.

우리가 화나 있을 때는 눈앞의 상대방이 무서운 호랑이처럼 계속 나를 향해 소리치고 있을 것이다. 누구에게나 유쾌하지 않은 순간이다. 이때, 이렇게 해보는 건 어떨까? 상대방의 얼굴은 거울이고 나는 그 거울 앞에 서있다고 상상해 보는 것이다. 그러면 귀밑까지 빨개진 상대의 얼굴이 나의 상태와 비슷하다는 걸 느낄 수 있지 않을까? 거울에 비친 나를 진정시키고 싶다면 일단 내 표정을 먼저 풀고 내 말투를 누그러뜨려야 한다. 한번 시도해 보자.

내 친구 중 한 명은 아내와 늘 같은 문제로 언쟁을 한다. 친구는 아내가 이야기하고 있을 때 머릿속으로 업무 생각을 할 때가 많다고 했다. 내일 회의 때 필요한 자료가 무엇이었는지, 이번 달 보고서를 아직 못 냈다든지 하는 식이다. 그러다 진지하게 듣고 있지 않다는 걸 눈치챈 아내는 무척이나 화를 내면서 질책한다고 했다. "매번 내 말을 안 듣고 있는데, 도대체 날 신경 쓰긴 하는 거예요!"라면서 말이다.

예전에는 친구도 이런 질책에 기분 나빠하곤 했다. 이야기를 안 듣고 있는 게 아니었기 때문이다. 하물며 아내가 했던 말을 한 글자도 빼놓지 않고 이야기할 수도 있었다. 하지만 매일 업무만으로도 정신없이 바쁜데 아내의 잔소리까지 듣고 있으려니 친구는 정말 짜증이 났다. 그 때문에 한동안 두 사람은 '진지하게 듣고 있는가'를 두고 자주 싸웠다. 감정적인 말도 서슴지 않았다.

그러던 어느 날, 친구는 그들 부부 사이의 소통이 가진 맹점을 깨달았다. '자신은 부적합한 부분이 없다는 생각' 그리고 '아무 상관이 없다는 듯한 자신의 모습과 심지어 짜증을 내기도 했던 태도'가 상대의 격한 반응을 만들었을 가능성에 대해 전혀 인지하지 못했던 것이다. 친구의 감정이 격해지기 시작하면, 아내가 던지는 말은 전부 가시처럼 날카로워졌다. 상대적으로 친구의 목소리와 표정 역시 아내의 눈에는 마찬가지였을 것이다.

이것이 바로 두 사람의 이성적인 소통이 결국에는 수습 불가로 치달을 수밖에 없었던 이유다. 맹점을 알아차린 후, 친구는 어떻게 해야 구체적으로 행동을 바꿀 수 있을지 고심하기 시작했다.

상대를 거울삼아 나의 맹점을 파악하라

✦

일단 친구는 자신의 마음가짐과 행동을 가다듬는 것부터 시작했다. 일도 중요하지만 그에게 있어 아내는 더욱 중요한 존재였으므로 아무리 바빠도 몇 분 정도는 아내의 말에 귀 기울이고 아내를 존중해야 했다. 이제 친구는 아내와 대화를 할 때면 손에 쥐고 있던 모든 일을 내려놓고 대화에 집중한다. 다른 생각이 나는 순간 아내가 집중해달라고 요구할 때도 불만을 품지 않는다. 오히려 자신이 나쁜 습관을 고치고 더 나은 사람이 될 수 있도록 도와주는 것에 감사해한다.

따라서 '자기 맹점을 인식하는 것'은 무척이나 중요하다. 그리고 방어적인 태도 대신 공감력으로 자기 행동을 가다듬고 논쟁이 발생할 여지를 줄이는 것은 더욱 중요하다.

누군가는 맹점이 덜 드러나는 방법은 무엇인지 궁금해할 것이다.

가장 좋은 방법은 상대의 반응을 참고로 삼는 것이다. 상대가 곧 나의 거울이기 때문이다. 만약 상대가 막무가내라는 생각이 들면 혹시 상대를 대하는 나의 태도나 말에 잘못은 없었는지 생각해 보자. 상대가 나를 존중해 주지 않는 것 같을 때도 혹시 내가 상대방의 말할 권리와 생각을 무시했던 건 아닌지 가슴에 손을 얹고 물어봐야 한다. 또한 상대가 내게 큰 관심이 없어 보일 때는 혹시 내가 상대에게 소홀하고 무관심한 적은 없었는지 반추해 보자. 만일 상대가 줄곧 비이성적으로 나를 공격해 올 때도 혹시 내가 그에게 부정적인 감정을 느끼고도 언급을 피했던 건 아닌지 되돌아보자.

타인과 상호 작용을 하는 데 있어 맹점을 발견하고 자신의 행동을 조절하는 것은 매우 중요하다. 언쟁을 하게 될 때, 오로지 남 탓만 하면 그 어떤 문제도 해결할 수 없다. 상대의 말과 행동 속에서 내가 평소 인식하지 못했지만 고칠 수 있는 부분이 무엇인지 찾아내는 법을 배우는 것이 문제 해결의 첫 단계다.

더 나은 어른이 되고 싶다면

✦

운전하기 전에 사이드 미러를 반드시 조정해야 하는 것처럼 나의 맹점도 적절히 바꾸거나 조정하지 않으면 사각지대가 생겨 결국은 사고가 날 수 있다.

다른 사람과의 상호 작용에서 내가 가진 맹점을 열린 마음으로 공들여 관찰하고 개선해 나가자. 맹점이 반드시 나쁜 것만은 아니다. 오히려 나를 '더 나은 사람'으로 만들 수 있는 절호의 기회라는 걸 잊지 말아야 한다.

세심한 관찰과 겸허히 배워 나가는 것에 익숙해지고, 나의 부족함을 인정하고 바꾸고자 할 때, 어느새 나는 한 발자국 앞으로 나아가 있을 것이다. 마음속에 세워 둔 목표 역시 확실하게 이루어 나가게 될 것이다.

대화는
힘겨루기가 아니라 공부다

박학다식함을 드러내는 대신
늘 배움의 자세로 대화를 나눠야 한다.
대화를 통해 언제나 진리를 끌어낼 수는 없겠지만
최소한 상대에게 진심은 표현할 수 있을 테니까.

얼마 전에 친한 친구들과 모임을 했다. 꽤 오랜만에 만났는데도 다들 그대로였다. 남의 말에 끼어들기 좋아하던 친구 역시 여전했다. 누군가가 요즘 너무 바쁘다고 입을 열면 이 친구는 "내 말 좀 들어 봐, 내가 요즘 바빠서 미치고 팔짝 뛸 지경인데 말이야…" 하며 말을 끊었다. 또 다른 누군가가 가상화폐 이야기를 꺼냈더니 "있지, 크립토Crypto는 해볼 만한 게 못 돼, 난 3년 전에 알았다!" 하며 펄쩍 뛴다. 내가 최근 원격 관리팀이 직면한 도전에 관한 이야기를 꺼냈더니 이 친구가 또 끼어들었다. "우리 팀은 곳곳에 흩어져 있는데 별문제 없이 관리가 잘되더라고!" 친구는 아마도 내가 "넌 어떻게 관리하는데?" 하고 묻기를 바랐을 것이다. 하지만 나는 일부러 묻지 않았다. 그리하여 주제는 공중에 매달린 채로 잠시 정적이 돌았다. 친구는 다시 또 자신의 말을 이어 가기 시작했다. 이야기하는 걸 참 좋아하는 친구지만, 나는 그 친구를 좋은 대화자라고 생각하지 않는다.

우리는 모두 오래 알고 지낸 친구들이다. 서로의 성공을 축하해 주는 일에는 크게 관심이 없었다. 그보다는 현재 내가 도전하고 있는 것에 대한 이야기를 나누고 삶에서 마주하는 아픔에 대해 토론하기를 원했다. 소통을 통해 상대방을 위로하고 격려해 주면서 때로는 조언을 건넬 수도 있었다. 하지만 오로지 그 친구만은 마치 자신이 모든 걸 다 꿰뚫고 있으며 잘 안다는 듯 자신에 차서 이야기하곤 했다. 친구가 하고 있는 것은 강연이었고, 우리는 '대화'를 원했다.

진정한 대화는 소통이다

✦

진정한 대화는 어떤 일을 사고하는 과정과 비슷하다. 어떤 문제에 대해 사고를 할 때, 우리는 기본적으로 자기 자신과 대화를 한차례 진행한다. 마음속에 2가지 관점을 유지하면서 때로는 긍정과 부정의 양쪽 면을 따져 보고 그 속에서 최대한 객관적인 시선을 유지한다.

이것은 무척 어려운 과정이기 때문에 이때는 특히 친구와의 대화가 필요하다.

친구들과의 대화가 좋은 점은 함께 토론할 수 있다는 것이다. 때로 친구는 전우가 되어 나와 한통속이 되기도 하고, 때로는 '악마의 변호인' 역을 맡으며 나의 입장에 도전장을 내밀면서 맹점을 깨닫도록 해준다. 그리고 또 양쪽의 역할은 때에 따라 바뀌기도 한다. 진정한 대화란 이성과 감성을 겸비한 소통이라고 할 수 있다.

아이들 역시 마찬가지다. 심리학자 조던 B. 피터슨Jordan B. Peterson의 책 『12가지 인생의 법칙』에서도 같은 예가 나온다. 만약 한 아이가 친구들에게 옥상에서 놀자고 제안을 하면 친구 중 하나는 위험성을 언급할 것이다. 그때부터는 아이가 친구들 말을 듣고 현명한 결정을 내릴 수 있도록 대화가 오간다. 이러한 의견 교류가 바로 우리가 성장하면서 겪는 중요한 사회화 과정이다.

더 많이 듣고 더 적게 말하는 연습

✦

반면, 다른 스타일의 대화 방식을 가진 사람들이 있다. 이야기를 나누는 모든 순간을 경쟁으로, 반드시 이겨야 하는 시합으로 생각하는 사람들이다. 그들은 토론을 위해서가 아니라 자신의 견해가 옳다는 걸 증명하기 위해 대화를 한다. 그들과 대화하다 보면 나의 말은 듣지 않으면서, 그다음에 어떤 이야기를 할까만 생각하고 있는 듯하다. 단방향 소통이라는 것이 단번에 느껴진다. 표면상으로는 '소통'이라고 하나 '나에게 하는 이야기'일 뿐, '나와 나누는 대화'로 느껴지지 않는다.

잘난 척쟁이에 이기주의자이기 때문일까? 반드시 그런 것은 아니다. 말하는 도중 끼어들기 좋아하는 그 친구는 사실 굉장히 열정적인 사람이다. 정의감이 넘쳐서 친구들을 밀어주는 데에도 망설임이 없다. 간혹 페이스북에서 낯선 사람과 글 싸움을 벌이기도 한다. 어쩌면 너무 호전적인 타입이거나 늘 우두머리 역할에 익숙해져 있어서 그에게는 모든 친구의 문제가 일과 같았을지도 모른다. 그러니 일을 처리하는 것처럼 일단 "있지, 내가 그런 경우를 많이 봤는데 말이야…." 라면서 강한 태도를 드러내는 것에 익숙한 것이다.

나는 사람들과 진솔한 대화를 많이 할 수 있는 사람이 되고 싶다. 때로는 강하게 굴 때도 있고, 특히 점점 나이가 들고 지위가 올라가면서 답안을 제시해 주는 사람이 되어야 할 때가 많지만, 언젠가 이루고 싶은 소망이다.

우리가 상대방과 함께 진정한 대화를 하고자 한다면, 기억해야 할 것이 있다. 바로 '더 많이 듣고 더 적게 말하기'가 중요하다는 것. 특히 대화가 힘든 상대일수록 이 점을 더욱 잊지 말아야 한다. 나의 의견을 꺼내기 전에 일단 멈추고 상대방에게 물어보자. "넌 어떻게 생각해?"라고 말이다.

더 많은 것을 묻는 과정에서 어쩌면 생각지 못한 답안을 듣게 될지도 모른다. 다른 의견을 고려해 보는 과정에서 더 넓은 시야를 갖게 될 수도 있다. 박학다식함을 드러내는 대신 늘 배움의 자세로 대화를 나눠야 한다. 대화를 통해 언제나 진리를 끌어낼 수는 없겠지만 최소한 상대에게 진심은 표현할 수 있을 테니까.

갈등의 지뢰 문장
4가지를 조심하라

자신이 옳다고 생각하면 잘 이야기하고,
불만이 생기면 확실하게 표현할 것,
그리고 서로의 감정을 절대로 무시하지 않을 것.
이것이 바로 함께 소통하는 제1원칙이다.

함께 살아가다 보면 의견이 불일치하는 순간이 있다. 특히 배우자
나 가족 간은 오랜 시간 함께 있는 만큼 갈등을 피할 수 없다.

갈등은 필연적으로 부정적인 감정을 부르고 이는 언어나 표정으로
드러나기 마련이다. 어느 정도의 감정 표현은 받아들여지지만, 양쪽
모두가 자신을 제어하지 못하는 순간이 있다. 단순히 논쟁을 위해서
가 아니라 일부러 상대에게 상처를 주기 위한 말이 오가는 상황이 되
면 갈등은 더 이상 소통이 아니라 '싸움'이 되고 만다.

우리는 논쟁을 할 때 인신공격이나 독설, 고함, 욕설을 하면 안 된

다는 걸 잘 안다. 사실 갈등은 어쩌다 나온 말 한마디가 싸움으로 번질 때가 많다. 말을 꺼낼 때는 별로 심한 말은 아니라고, 그저 가벼운 말실수나 입버릇이라고 생각하지만, 상대에게는 대립을 한층 심화시키고 소통을 더 어렵게 만드는 것이다. 이처럼 절대 해서는 안 되는 '지뢰 문장' 4가지를 소개한다.

① "넌 항상~", "넌 단 한 번도~"

"넌 항상 늦더라!", "넌 단 한 번도 집안일을 한 적이 없잖아!"라는 말에는 어쩌면 불만을 조금 과장해서 표현하고 싶은 마음이 깔려 있는지도 모른다. 하지만 흑 아니면 백이라는 식으로 던지는 '무조건적인 불평의 말'에 상대방은 기분이 무척이나 상한다. 왜냐하면 상대방은 잘못을 지적당했을 뿐만 아니라 잘했던 것까지 무시당했다고 느끼기 때문이다.

어쩌면 평소에 정말 자주 늦고 또 집안일을 할 때가 몇 번 없었을 수도 있다. 하지만 위와 같은 말은 상대가 '옳았던' 순간들까지 모조리 백지화시키기 때문에 위험하다.

설사 상대가 정말 '항상' 그런 행동을 하거나 '단 한 번도' 무언가를 한 적이 없었다고 해도 최대한 위와 같은 표현은 피해야 한다. 상대는 이 말이 틀리다는 것을 증명하려 당신과 논쟁할 것이기 때문이다. 그러다 보면 결국 당신이 궁극적으로 소통하고자 했던 일은 귀에 들어가지 않게 되고 둘은 이 문제로 계속 싸우게 될 것이다.

불만을 표현하고 싶다면 사실에 부합하여 이야기하고 내면의 감정을 확실하게 전하자. 예를 들면 이렇게 해볼 수 있다. "오늘 넌 15분 늦었고 전에도 대략 30분은 늦었었어. 존중받지 못하고 있는 것 같아서 네가 늦을 때마다 기분이 안 좋아. 다음엔 제시간에 와줄래?"

② "내가 몇 번을 말했어!"

그렇다. 어쩌면 수없이 이야기했음에도 상대는 여전히 그대로일 수도 있다. 하지만 "내가 몇 번을 말했어!"와 같은 표현은 아무런 도움이 되지 않는다. 이유가 뭘까? 만약 상대가 정말 자신의 행동을 변화시킬 뜻이 있었다면, 당신이 재차 일러 주지 않아도 진작 변했을 것이기 때문이다. 그렇지 않은가?

그러므로 상대가 여전히 그대로라면 다음의 2가지 가능성을 생각해 볼 수 있다. 변하고 싶은데 잘 안 되거나 변하고 싶은 마음 자체가 없거나. 만약 전자라면 소통의 문제가 아니라 행동과 습관의 문제이니 더 좋은 방법을 함께 찾아봐야 한다. 후자라면 변하고 싶지 않은 이유에 대해 조금 더 이해할 필요가 있다. 이렇게 말해 보면 어떨까.

"네가 미루는 습관을 고치기 힘들어하는 것 같아. 그럼 나는 너랑 같이 일할 때 마음이 편하지 않거든. 나는 정말 네가 변했으면 해서 그러는데, 어떤 점이 어려운지 알려 줄래?"

③ "좀 진정해!"

이 말에는 상대방이 어떤 대답을 할 거라고 생각하는가? "응, 알았어"라고 할까? 아니다. 상대방은 이미 감정이 올라올 때로 올라와 있다. 이럴 때 진정하라고 이야기해 봤자 당신이 기대하는 바는 이룰 수 없다. 아마 대부분은 더 화를 낼 것이다. 불쾌한 기분은 둘째로 치고 상대방 입장에서는 당신이 자신의 감정을 등한시하고, 진정하라고 명령당하는 기분이 들 수 있기 때문이다. '뭐 어쩌라고, 네가 진정하라고 하면 내가 진정해야 하는 거야?'라고 생각할 수도 있다.

상대의 감정이 격한 상황일 때는 일단 그 마음이 나도 '느껴진다'라는 공감의 표현을 반드시 해야 한다. 그 후에 이런 식으로 상대의 감정에 '데였다'라는 식의 표현을 하면 감정이 진정될 뿐만 아니라 앞으로의 말을 조심하려 할 것이다.

"난 네 얘기를 정말 잘 들어 보고 싶어. 근데 지금 네 말투가 너무 날이 서있어서 내가 좀 놀랐어. 조금 부드럽게 이야기해 줄 수 있을까?"

④ "뭐 고작 그런 걸로 그래!"

우리는 어떤 일에 대해 상대가 얼마나 심각하게 느끼는지 완벽하게 이해하는 것은 불가능하다. 일단 상대가 그렇다고 하면 그에게 있어서는 큰일이라는 뜻이다. 그런데 이런 표현으로 답을 하는 건 상대가 불만을 가질 이유가 없다고 여기는 것이다. 우리가 무언가에 대해 불평할 때 가장 바라는 건 경청과 이해다. 당찮은 소리라거나 과한 반응이라는 의심이 아니다. 그러니까 '뭐 고작 그런 걸로' 같은 표현은 불난 집에 부채질하는 격의 말이다.

만일 상대의 반응이 정말 과하다는 생각이 들면 그 이유를 이해해야 할 필요가 있으니 "이번 일에 왜 그렇게 힘들어하는 거야?"라는 식으로 직접 물어도 좋다. 상대의 말을 부정하기 위해 그저 예의상으로 묻는 말이 아니라 진심으로 이해하려는 모습을 보인다면 상대방도 차근히 설명해 줄 것이다.

사실 갈등이 꼭 나쁜 것만은 아니다. 갈등이 있어 우리는 서로를 더욱 이해할 수 있고 그 과정에서 서로가 더 잘 지낼 수 있는 방식으로 맞춰 나갈 수 있다. 때로는 서로의 한계선이 어디까지인지, 가치관은 또 어떻게 다른지 확실히 알게 되기도 한다.

언제나 상대방과 의견이 100퍼센트 일치하거나 상대를 설득해서 입장을 바꾼다는 건 불가능하다. 그러나 적어도 의견 충돌을 단순히 감정의 표출로 여기지 않고 진지한 소통의 과정으로 삼을 수 있다.

자신이 옳다고 생각하면 잘 이야기하고, 불만이 생기면 확실하게 표현할 것, 그리고 서로의 감정을 절대로 무시하지 않을 것. 이것이 바로 함께 소통하는 제1원칙이다.

현명하고 완곡하게
거절하는 법

일에서든 개인의 삶에서든 성공을 얻으려면
무턱대고 '예스'만 외칠 게 아니라
'적당한 거절'을 할 줄 알아야
정말 중요한 일에 집중할 수 있다.

그래픽 디자이너 일을 하는 친구가 있다. 회사에서 꽤 즐겁게 일하는 친구라 생각지도 못 했는데, 갑자기 지난번 모임 때 더는 못 참겠다며 화를 냈다. 알고 보니 친구네 부서에 최근 인사이동이 있었는데 베테랑 동료 한 명이 자기 팀으로 왔다고 했다. 동료는 오로지 상사에게 잘 보이려고 애쓰더니 연말에 승진을 했다. 그래서 온갖 무리한 프로젝트를 몽땅 받아 왔다는 것이다.

"툭하면 휙 다가와서는 '화보 디자인 좀 도와줘! 심플할수록 좋아, 괜찮지?' 그러는 거야. 화보 디자인이라는 게 시각적으로 눈에 띄면서도 조화를 잃지 않아야 하는데, 그럼 내가 시간을 얼마나 들여야 하는지 아예 모르는 거지."

친구는 계속 불평을 이어 갔다.

"한두 번이면 내가 말을 안 해. 벌써 몇 번째라니까! 내가 원래 해야 할 일도 야근해야 겨우 끝나는데, 너무 피곤해!"

같은 자리에 있던 친구들이 '힘든 점을 이야기하고 상대방에게 확실하게 거절해야 한다, 이렇게 계속 야근하는 건 능사가 아니다'라고 입을 모아 조언했다. 하지만 친구는 더 괴로운 얼굴을 하며 말했다.

"그런데 일을 위해서 도움을 요청한 거라고 생각하면 또 거절하기가 미안해. 내가 '노No'라고 하면 분위기가 얼마나 뻘쭘해지겠어?"

직장에서 흔하게 볼 수 있는 상황이다. 분명 자신도 충분히 바쁜데, 동료가 갑자기 일을 부탁하면 거절하기 미안해서 어쩔 수 없이 일을 받아들인다.

그 결과, 오히려 자신의 업무를 제대로 마치지 못한다. 일을 끝내고 나면 괴로운 나머지 '노'라는 말조차 못 하는 자신의 나약함에 화까지 나기도 한다.

이러한 상황이 당신에게도 낯설지 않다면, 걱정하지 말라. 당신은 결코 혼자가 아니다. 이미 많은 사람들이 그러하니까.

완곡한 거절법 4단계

✦

도대체 거절은 왜 그렇게 어려운 것일까? 그 이유를 짐작해 보면, 한 인간으로서 우리는 동료 집단에 받아들여졌다는 확신을 필요로 한다. 이로써 소속감을 느끼고 사회 속에서 신분과 계급을 발전시켜 나간다. 그 때문에 우리는 타인에게 거절의 말을 잘하지 못한다. 동료들에게 받아들여지기를 바라기에 거절로 인한 갈등이나 대치 상황을 피하고 싶어 한다.

또한 우리는 때로 상대방이 실망할까 봐 차마 거절하지 못하기도 한다. 하지만 현실적으로 우리의 정신력과 체력에는 한계가 있어서 모든 사람의 요구를 만족시킬 수는 없다.

스티브 잡스는 「비즈니스 위크Bloomberg Businessweek」와의 인터뷰에서 이런 말을 한 바 있다.

"'노'라고 말할 수 있어야 정말 중요한 일에 집중할 수 있다."

즉 일에서든 개인의 삶에서든 성공을 얻으려면, 무턱대고 '예스Yes'만 외칠 게 아니라 '적당한 거절'을 할 줄 알아야 정말 중요한 일에 집중할 수 있다는 뜻이다. 그럼 어떻게 해야 서로가 어색해지지 않게 넌지시 '노'를 이야기할 수 있을까? 곤란을 겪고 있는 여러분에게 '완곡한 거절법 4단계'를 제안한다.

① 잠시 멈추기

곤란한 요구를 하는 상대에게 대답을 해야 할 때, 표정과 함께 중요한 말을 하기 전에 첫 문장 앞에서 운을 떼는 말인 '발어사發語辭'를 일부 활용해 본다. 이를테면 생각에 빠진 얼굴을 하면서 "음…"과 같은 소리를 낸 뒤, 적어도 3초 정도는 멈추었다가 대답을 하는 것이다. 보통의 사람이라면 '조금 불편하구나' 혹은 '좀 곤란한가 보다'라는 것을 은연중에 이미 느끼고 있을 것이다. 이렇게 운을 띄우는 동안 나의 상황을 고려해 볼 틈이 생기고 이어서 할 이야기를 미리 준비할 수 있다.

② 상대의 사정을 이해한다는 것을 알리기

내 앞의 상대가 앞으로도 좋은 관계를 쭉 유지하고 싶은 온유한 사람인데 단지 서로의 타이밍이 좋지 않은 경우가 있다. 이때는 공감의 방식을 활용해서 내가 상대의 입장을 충분히 생각해 보았다는 것을 알려 주는 것이 좋다. "요즘 네가 맡은 프로젝트가 너무 많아서 정말 바쁠 거야. 화보 디자인을 도와줄 사람이 정말 필요하다는 것도 잘 알아…" 혹은 더 간단히 말해도 좋다. "무슨 이야기인지 이해해, 그런데…"라고 짧게 공감의 표현을 한 후, 자신의 사정을 이야기하는 것이다.

③ 불편한 상황을 확실히 말하기

요즘 우선적으로 처리해야 할 일이 많다고 솔직하게 말해도 좋다. 단, 불평하는 듯한 말투는 삼가야 한다. 나의 곤란한 상황을 사실 그대로 이야기한다. "내가 요즘 프로젝트를 3개나 맡고 있어서 바쁘네. 그리고 가족이 몸이 좋지 않아서 돌봐 줘야 하거든. 전처럼 자주 야근을 할 수가 없을 것 같아." 이쯤 되면 상대방도 당신이 정말 시간이 없어서 도와주지 못한다는 것을 알게 될 것이다.

④ 다른 해결 방안을 제시하기

마지막 단계는 대화를 원만하게 끝내기 위한 단계로 '다른 의견을 제시하기'다. 예를 들면 "다른 디자이너에게 물어보는 건 어떨까? 아니면 내가 아는 프리랜서 디자이너에게 물어봐 줄게"처럼 이야기할 수 있다. 만약 비교적 간단한 부탁이라면 이렇게 제안해 봐도 좋다. "인터넷에서 무료 디자인을 찾아보는 건 어때? 지금 이 정도 문제는 해결이 될 거야!"

이 단계는 상대에게 당신이 도와주기 싫어서 거절하는 게 아니며, 일의 해결을 위한 관심을 보여 주고 있다는 것을 느끼게 해줄 것이다.

일단 잠시 멈춘 뒤, 상대방의 사정을 이해하고 있다는 표현을 하고, 나의 곤란한 상황을 이야기한 뒤, 대체 방안을 제시하기. 이 4단계를 통해 예의를 잃지 않으면서도 거절할 수 있고 도움을 줄 수 없는 곤란한 사정을 이해시킬 수 있을 것이다.

거절의 말을 처음 시작할 때는 무척이나 긴장될 수도 있다. 하지만 매 순간 왜 거절을 해야 하는지 스스로에게 질문을 던지고, 거절을 할 줄 알아야 더욱 중요한 일에 에너지를 쏟을 수 있다는 말을 떠올리자. 대만 작가 아이리文莉가 『서른이면 어른이 될 줄 알았다』에서 썼듯이 "다른 사람의 어려움을 헤아렸기에 자신을 어렵게 할 수밖에 없는 것"이다.

다른 사람의 요구를 들어줄 때, 우리가 들여야 하는 감춰진 비용은 나의 수고만이 아니다. 소중한 사람과 함께하는 시간도 포함된다. 그러므로 내가 아끼는 모든 것을 위해 기죽지 말자. 현명하고 완곡한 거절은 연습으로도 충분히 가능하다.

내게는 '좋은 이유'라도
상대는 아닐 수 있다

'좋은 이유'를 들어 상대를 설득하고 싶다면
그 전에 상대에게 '좋은 것'이 무엇인지 파악해야 한다.
지나친 자기중심적 사고나 이익 지향은 일을 그르칠 수 있다.

　당신을 외향적인 사람이라고 가정해 보자. 내향적인 성격의 친구
에게 모임 참석을 권하고 싶다면 어떻게 말해 볼 수 있을까? 예를 들
면 이렇게 말할 수 있겠다.

　"진짜 멋진 파티야! 파티에 가면 대단한 사람들을 많이 사귈 수 있
다니까. 학력, 외모 다 빠지지 않는다고. 혹시 알아, 오늘 네가 솔로
탈출이라도 하게 될지!"

얼핏 들으면 설득력 있어 보인다. 그러나 이 말을 들은 친구는 가고 싶은 마음이 더욱 없어진다. 왜 그럴까?

그 이유는 친구의 내향적인 성향을 고려하지 않았기 때문이다. 내향적인 사람은 많은 사람과 만나는 사교의 장을 애초에 좋아하지 않는다. '좋은 이유'라고 생각해서 건넨 말들이 친구에게는 하나도 끌리지 않는 것이다. '많은 사람을 사귈 수 있다'라는 말만 들어도 친구는 초조해지고 더 가기 싫어진다.

그러나 만일 잠시 멈춰서 "왜 가고 싶지 않은 거야?"라고 물었다면 친구의 진심을 들을 수 있었을지도 모른다. "사람 사귀는 걸 안 좋아해.", "사람 사귀는 데에 재주가 없어." 혹은 "난 대단한 사람 여럿을 얕게 사귀는 것보다 그냥 평범한 사람 한두 명과 깊이 사귀는 게 좋아"라는 말을 들을 수도 있다.

그렇다면 이제 이런 말로 친구를 설득할 수 있을 것이다.

"이 모임에 가면 너한테 소개해 주고 싶은 사람이 한 명 있어. 깊이가 있는 사람인데 평소에는 너처럼 사람 사귀는 걸 별로 안 좋아해. 만날 기회가 정말 없어. 그래서 특별히 너랑 그 사람까지 불러서 우리 셋이 알고 지냈으면 해."

공감은 좋은 설득의 전제 조건

✦

우리는 보통 '설득'이란 좋은 이유를 많이 제시하는 것으로 생각한다. 이유가 충분히 많고 좋아야 상대방 귀에 들어가리라 생각한다. 하지만 사실 '좋은 이유를 무더기로 주는 것'은 오히려 실패의 원인이 될 가능성이 있다. 왜냐하면 자신의 입장에서 출발해 상대의 필요를 이해하지 못한 상태에서 이유를 제시하면 상대는 아무것도 느낄 수 없기 때문이다. 상대의 공감을 부를 수 있는 이유만이 좋은 이유가 된다.

언젠가 한 번은 몇몇 여성들이 지난 주말 저녁에 있었던 일로 대화하는 것을 들었다.

"그 남자가 작업을 걸면서 하는 말이 자기가 조종사라는 거야. 내가 반응을 안 보이니까 몇 분 있다가 또 '저 조종사예요'라고 하더라고. 그래도 내가 대꾸를 안 하니까 나중에는 아예 '저 비행기 조종하는 사람이에요'라고 말하는 거야. 그래서 내가 그랬지. '비행기 조종하는 게 뭐 어쨌다고요!'"

이야기를 듣던 또 다른 여성이 말을 받았다.

"자기 수입이 대단하다는 걸 말하고 싶었나 보네! 아니면 외국 여행을 자주 데리고 다닐 수 있다는 뜻이거나."

"난 집에 있는 게 제일 즐거운 사람이야. 조종사라면 종일 바깥 생활을 할 텐데, 불안해!"

대화를 듣던 나는 이런 생각이 들었다. 조종사가 만약 이 여성에게 주말에 주로 무엇을 하는지, 평소 좋아하는 여행지는 어디인지 등을 물어보았더라면 어땠을까. 이 여성의 성격을 좀 더 파악할 수 있었을 테고, 마음을 움직일 수 있을 만한 이야깃거리를 찾을 수 있었을 것이다. 물론 그 조종사가 여성의 스타일이 아니었을 수도 있다. 만약 그렇다면 그는 상대와 대화하는 법을 더욱 배웠어야 하지 않을까.

언젠가 아버지는 이런 우화를 들려주셨다.

옛날에 어느 부자가 배를 타고 가는데 급류 속에서 배가 침몰했다. 부자는 커다란 바위를 끌어안고 소리쳤다.

"살려 주세요!"

어느 젊은 뱃사공이 그 소리를 듣고 부자를 구해 주기 위해 다급히 노를 저었다. 이를 본 부자가 말했다.

"빨리 와요! 날 구해 주면 1만 위안을 드리리다!"

뱃사공은 죽을힘을 다해 노를 저었지만 강물은 더 거세졌다.

"좀 더 빨리 오라고요! 날 구해 주면 3만 위안을 줄 테니까!"

뱃사공은 계속 노를 저었다. 부자는 안달이 나서 "10만 위안! 10만 위안을 주겠소!" 하고 외치는데 뱃사공의 배는 더 느려지고 있었다.

"50만 위안을 주겠…"

말이 끝나기도 전에 부자는 거센 홍수에 휘말려 감쪽같이 사라졌다. 육지에 오른 뱃사공은 슬픈 얼굴이었다.

"처음에 난 그저 구해 주고 싶은 마음뿐이었는데, 갑자기 나에게 돈 이야기를 하잖아. 노를 늦게 저으면 돈을 더 많이 주겠구나 싶었어. 그런데 저렇게 갑자기 물에 휩쓸려 사라질 줄 누가 알았겠냐고. 내가 그 사람을 죽게 만든 거야!"

뱃사공은 머리를 감싸 쥐고 통곡하기 시작했다.

"애초에 난 그저 사람을 구해 주고 싶었을 뿐인데, 왜 나에게 돈 이야기를 하난 말이야!"

상대를 배려하는 설득의 심리 기술

✦

우리의 행동 이면에는 여러 동기가 있다. 이익을 도모하기도 하고 때로는 순수한 호의에서 출발하기도 한다. 이를 확실하게 파악하지 못하면, 처음부터 이익을 꺼내 들고 거기다 온갖 좋은 점을 번지르르하게 늘어놓으며 이 모든 걸 유인책이라고 생각할 것이다. 그러나 지나친 자기중심적 사고나 이익 지향은 오히려 일을 그르칠 수 있다.

그러므로 누군가를 설득하려면 '좋은 이유'를 제시해야 하지만, 그전에 상대에게 '좋은 것'이 무엇인지, 상대가 필요로 하는 것과 바라는 것이 무엇인지를 먼저 파악해야 한다. 이런 질문을 던져 보아도 좋다. "이번 일의 성공이 너에게는 어떤 의미야?", "네가 이쪽 방면에 완전히 빠져 있는 것 같은데, 그 열정은 어디에서 나오는 거야?" 아예 단순하고도 솔직하게 물어볼 수도 있다. "내가 널 어떻게 도울 수 있을까?"

상대의 동기와 필요가 파악될 때가 되면 깨달을 것이다. 설득이란, 그저 바람을 따라 돛을 달면 그만이라는 것을.

진정한 우정을
쌓고 싶다면

———

진정한 친구란 서로를 위해 무언가를 하지 않아도
상대가 존재한다는 사실 하나만으로 마음이 훈훈해지는 게 아닐까.
상대의 존재 자체만으로도 감사할 수 있다면,
누구와도 진정한 우정을 쌓는 일은 그리 어렵지 않을 것이다.

현재 당신의 친구 중에는 학창 시절에 사귀었던 친구가 많은가, 아
니면 사회생활을 시작한 후 사귄 친구가 많은가?

얼마 전, 한 독자가 내게 글을 남겼다. 친한 친구들이 전부 학창 시
절에 사귀었던 친구들이라고 했다. 그것도 어릴 때 사귀었던 친구일
수록 더 가깝다고 했다. 대학 때 사귄 친구보다 초·중·고등학교 시
절에 사귄 친구와 더 친하다는 것이다. 졸업 후에는 마음을 털어놓을
수 있는 친구를 사귀는 게 힘든데, 왜 그런지 모르겠다고 했다. 사회
에 나가서는 진정한 우정을 만드는 게 정말 힘든 일인지 내게 물었

다.

내 생각은 다르다. 사회에 나가서도 충분히 마음을 털어놓을 수 있는 친구를 사귈 수 있고, 진정한 우정을 쌓는 일 또한 그리 어려운 일은 아니라 생각한다. 실제로 나는 어른이 되고 나서 사귄 친구들이 많기 때문이다. 나의 경험과 연관 지어 이 질문에 대한 답을 제시해 보려 한다.

사회에서 진짜 친구를 만드는 법

✦

우리는 보통 학창 시절 내지는 어린 시절에 사귄 친구들과의 우정이 더 순수하고 오래 지속될 거라고 생각한다. 이 생각은 설득력이 있다. 왜냐하면 함께 기나긴 성장의 시기를 지나왔기 때문이다. 그 속에는 즐거움도 있고 좌절도 있으며 끝없는 시험에 함께 맞서 온 '동지애'가 있다. 서로 간에 어떤 이익적인 갈등이 없고 모두가 어리기 때문에 그저 함께 노는 것이다. 그래서 우정은 조금 산만하지만 또 약간의 목표가 있는 상황에서 0부터 시작해 자라난다. 거기에 사춘기 시절의 강력한 '공통의 추억'이 더해지면, 그 시절의 우정이 무척이나 아름답고 오래 지속되는 것처럼 느껴진다.

그러나 사회에 나가면 사람을 사귀는 과정이 어떤 명확한 결과를 내기 위해 목적을 갖고 모이는 자리에서 이루어진다. 그러므로 일을 마치고 그 환경에서 벗어나는 순간, 업무 이야기가 아니면 서로의 접점이 별로 없기 때문에 나눌 이야기가 많지 않다는 걸 알게 된다. 그러니 격의 없는 우정은 생각도 할 수 없다. 자연스럽게 마음을 털어놓는 일도 어려워진다.

하지만 이런 경우도 있을 수 있다. 친한 친구와 오랫동안 만나지 못했거나 서로의 활동 범위가 계속 달라지면서 나눌 수 있는 대화의 주제가 적어지는 경우다. 동창회 역시 점점 추억을 나누는 장으로 변해 가고 더 이상 새로운 공통의 추억을 만들어 내기가 어려워지는 것이다.

그러므로 오랜 우정을 만들고 유지하는 핵심은 모두가 함께 참여하고 함께 성장할 수 있는 무언가를 같이 하는 데 있는 게 아닐까. 이 일은 어떤 이익적 관계가 없고 지속해 나갈 수 있는 일(마지막에는 어떤 의의를 만들어 낼 수 있는 일)일수록 좋다.

우정은 우리의 마인드를 구축해 나가는 데 아주 중요하다. 현재 자신의 교우 관계 범위가 제한적이라고 느껴진다면, 관계를 넓히고 마음을 터놓을 수 있는 친구를 더 사귀어 보고 싶다면, 밖으로 나가서 이익적 관계나 목적이 없는, 내가 좋아하는 일을 많이 해보라고 권하고 싶다. 예를 들어 취미가 있다면 학원이나 동아리에 나가 본다. 온라인이든 오프라인이든 그 울타리 안에서 나와 공통 언어를 가진 친구, 함께 즐길 수 있는 친구를 찾아본다. 장기간 취미 활동에 몰두하는 것이 오래 지속될 친구 관계를 고르고 만드는 데 도움이 될 것이다. 서로의 이익을 저울질할 필요도, 걱정할 필요도 없는 좋은 친구를 사귈 수 있다.

이러한 방식이 반드시 '진정한 우정'을 만들어 낸다고 할 수는 없지만, 성인이 되어서도 친한 벗을 만날 수 있는 더 큰 가능성을 담고 있다고 믿는다.

물처럼 담담한 우정 관계

✦

그렇다면 진정한 우정은 어떻게 쌓을 수 있을까?

나 같은 경우, 매월 마지막 주 금요일 저녁마다 정기적으로 만나는 여덟 명의 친구 모임이 있다. 저마다 배경이 제각각이라 외부인이 보기에는 잘 이해가 안 되는 우정이다. 솔직히 말해 우리도 잘 이해가 안 된다. 그저 우리는 대화가 즐겁고 때로는 말다툼을 하는 사이다. 열띤 논쟁을 하다가도 이야기가 끝나면 하하 웃고 넘긴다. 서로의 마음을 잘 알고 상대가 나와 다르다는 사실 또한 잘 알며 불편함을 느끼지 않는다.

친구 사이가 오래되면 자연스럽게 서로의 삶에 관심을 두게 되고 때로는 서로를 도울 일이 생긴다. 나 역시 친구에게 돈을 여러 번 빌려주었다. 나중에 되돌려 받아야겠다는 생각은 애초에 하지 않았다. '미련이 남을 물건이라면 타인에게 빌려주지 말자'라는 소신이 있기 때문이다. 그래야 내 마음이 편하다. 불편할 것 같다면 애초에 빌려주지 말아야 한다. 반대로 생각해서, 만일 진짜 친구라면 거절을 해도 이해해 줄 것이다. 그것도 커다란 액수의 돈이라면 더더욱. 그리고 진정한 친구라면 먼저 묻지 않아도 돈을 빌리게 된 사정을 확실하게 이야기해 줄 것이다.

우리 여덟 명의 친구들은 경제적인 상황도 제각각이다. 모임에서는 누구도 이런 이야기를 하진 않지만, 수입이 꽤 많은 친구도 있고 그럭저럭 사는 친구도 있다. 그중 금전적으로 조금 빠듯한 친구가 한 명 있다. 이 친구가 아이를 낳을 때, 우리는 더 구매하지 않아도 될 만큼 집에 있는 육아 용품을 잔뜩 모아서 친구에게 주었다. 그 후 가끔씩 친구와 전화로 수다를 떨다가 내가 일이 있어서 어딘가로 가야 한다고 말하면, 친구는 늘 마침 자기가 근처에 있다면서 대신 일을 처리해 주곤 했다. 나중에 알게 된 사실이지만 그 '마침'은 사실 아주 먼 길을 돌아 이루어진 것이었다. 우리 마음에 보답하려는 친구만의 방식이었다. 우리는 굳이 이 사실을 입 밖으로 꺼내지 않았다.

또 다른 친구는 몇 년을 비전 없는 직장에 매여 있었다. 우리는 그 친구가 얼마나 고생하고 있는지 알고 있었지만, 하소연은 들어 줄지언정 그 누구도 이직을 권하지 않았다. 자신의 문제는 스스로 해결할 수 있는 성인이니 친구가 던지는 그 어떤 고견도 필요하지 않았다. 하지만 마음으로는 늘 잊지 않고 있었다.

그러던 어느 날 행운이 찾아왔다. 사장직에 있는 지인의 친구가 고위급 책임자를 찾고 있다는 것이었다. 순간 나는 그 친구가 제격이다 싶어 냉큼 추천을 했다. 그 친구보다 더 어울릴 적임자는 없을 거라는 확신이 있었기 때문이다. 결과적으로 친구는 그 회사에 입사를 했고 새로운 회사에서는 물 만난 고기가 되었다. 지인은 친구를 소개해준 것이 고맙다며 내게 밥까지 샀다. 돈 한 푼 들이지 않고도 모두 승자가 된 경험이었다. 지금 생각해도 무척이나 기분이 좋다. 이것은 친구로서 서로를 가장 잘 도와줄 수 있는 부분이다.

사회에서 만난 친구와 진정한 우정을 쌓고 싶다면, 이 격언을 기억하라. '군자지교담여수, 소인지교감약례君子之交淡如水, 小人之交甘若醴(『장자(외편)』 '산목편'에 나오는 말로, '군자의 사귐은 물과 같아 담백하지만 소인의 사귐은 달콤해서 단술과 같다'라는 뜻이다 - 옮긴이)'라는 말이 있다. 우정은 생각과 감정상의 교류임을 인용한 말이다. 물처럼 맑고 질투나 욕심도 없다. 서로 비판이나 반박을 할 때도 있지만 오히려 이것은 순수한 나 자신을 드러낼 수 있는 친구 사이라는 뜻이다.

앞서 말한 여덟 명의 친구들과 나의 관계가 그렇다. 우리는 '물처럼 담담한' 관계다. 서로를 있는 그대로 존중하며 도움이 필요할 땐 서슴지 않고 도와준다. 또한 함께 있는 순간마다 항상 진심을 다한다.

진정한 친구란 서로를 위해 무언가를 하지 않아도 상대가 존재한다는 사실 하나만으로, 월말이 되면 만나 수다를 떨 수 있다는 사실 하나만으로도 마음이 훈훈해지는 게 아닐까. 내가 먼저 그런 친구가 되어 보면 어떨까? 상대의 존재 자체만으로도 감사할 수 있다면, 누구와도 진정한 우정을 쌓는 일은 그리 어렵지 않을 것이다.

나를 위해 맞서는 사람이
나에게 이롭다

나를 진심으로 위하는 사람은
무엇이 나에게 이로운가에 대해 가장 많이 신경을 쓴다.
그런데 나에게 이로운 일이란 주로 '거스르는' 방식으로 오기 때문에 불편하다.

친구들과 애정 문제로 이야기를 나눌 때마다 내가 가장 두려워하는 한마디가 있다. 바로 "그 사람 나한테 정말 잘해"라는 말이다. 친구에게 "뭘 잘하는데?"라고 채근하듯 물으면 각종 이유가 쏟아진다.

"내가 어디 갈 때마다 데리러 오고 데려다줘."
"내가 피곤해하면 안마해 주거든."
"우리 부모님한테 잘해."
"내 못된 성질을 다 받아 주지."

"그 사람이 고양이 알레르기가 있는데 내가 고양이를 키우거든. 불편한 것 꾹 참고 나랑 있어 준다니까."

각양각색의 대답을 듣고 보면 대부분 '순종'의 이유로 상대가 잘해 준다고 생각하는 경향이 있다. "그 사람 나한테 잘해. 나랑 논쟁하면서 내 생각에 정면으로 맞설 때가 있거든"이라든가 "그 사람 나한테 잘해. 내가 나쁜 습관을 고칠 수 있게 격려해 주거든"과 같은 대답은 거의 들어 보지를 못했다. 그 차이는 영문으로 바꿔 보면 쉽게 이해할 수 있다. 내가 자주 들었던 대답은 "He(She) is good to me"이고, 거의 들어 보지 못했던 대답은 "He(She) is good for me"인 것이다.

나를 위해 나와 맞서는 사람

✦

나에게 진심으로 잘하는 사람은 무엇이 나에게 이로운가에 대해 가장 많이 신경을 쓴다. 그런데 나에게 이로운 일이란 주로 '거스르는' 방식으로 오기 때문에 불편하다.

누군가를 막 알아 가는 시기에 우리는 서로에게 맞서지 않는다. 연애 시기의 나는 절대 진정한 내가 아니다. 상대의 환심을 사려고 나의 가장 '떳떳한' 부분만을 열심히 보여 주기 때문이다. 어느 정도 시간이 흐른 뒤 단단한 안정과 신뢰에 도달하고 나면 자신의 진짜 모습을 차차 드러내기 시작한다. 시간이 흐르면서 이런 생각이 들 수도 있다.

'예전에 그 사람 집에 가면 엄청 깔끔했는데 어째서 동거를 하고 나니 이렇게 지저분해진 거지?'

'처음에는 그렇게 개방적이던 사람이 왜 지금은 이렇게 소유욕이 강해진 거지?'

예전에는 당신이 집에 오기 직전에 후다닥 청소를 했던 것일 수도 있고, 초반에는 '어쩔 수 없이' 개방적인 사람처럼 보이고자 노력했던 것일 수도 있다.

우리는 모두 양파와 같다. 사랑하는 사람과 가까워질수록, 침대 위로 하나둘 옷을 벗게 될수록 보호색과 가면을 하나씩 벗고 내면의 불안과 옛 상처, 나쁜 심보 등을 차차 드러낸다. 이럴 때, 우리는 선택에 직면한다. '이번 기회에 변화를 시도할 것인가, 말 것인가?'

만약 나에게 문제가 있다는 걸 알았고 또 변하고 싶은 마음이 있다면, 이때 가장 필요한 건 무엇이든 맞춰 주고 말없이 응원해 주며 나의 성격과 버릇을 모두 받아 주는 사람이 아니다. 기꺼이 나에게 맞서고 자신 있게 나와 언쟁하는 사람, 평화를 희생시키더라도 나를 발전시켜 줄 사람이 필요하다.

내 친구 린다는 바로 그런 사람이다. 린다는 남편의 금주를 돕기 위해 각종 소통법과 수단을 다 썼다. 남편의 모임과 접대 자리를 감시하기도 했다. 스파이 수준으로 치닫자 이혼 위기에 닥치기도 했다. 하지만 린다는 포기하지 않았고, 결국 지금은 더 안정된 혼인 생활을 이어 가고 있다.

"두 눈 딱 감고 충분히 모른 척할 수도 있었지. 어쨌든 우리 집 재정을 내가 관리하니까 나 혼자서도 그냥 잘 살 수 있었거든. 근데 그 사람과 부딪쳐 보기로 했어. 왜냐하면 남편이 예전에 나에게 했던 말이 있거든."

린다의 말에 나는 그게 무슨 말이었느냐고 물었다.

"전에 그러더라고. '사실 나도 마시고 싶지 않다'라고 말이야."

이게 바로 핵심이다. 자신의 결점을 고칠 수 있는 건 오로지 자기 자신뿐이지만, 변하고 싶다고 말해 놓고도 동기가 부족하거나 말처럼 실천이 안 될 때, 진정으로 나를 사랑하는 사람이라면 쉽게 놓아 주지 않을 것이다. 원망과 미움받을 위험을 감수하면서 눈 딱 감고 부딪쳐 볼 것이다. 당신이 언젠가 했던 '나도 변하고 싶다'라는 말 한 마디 때문에.

우리는 '미러링Mirroring'에 쉽게 넘어간다. 특히 나와 가치관이 완벽하게 일치하는 상대를 만나면 소울 메이트를 찾았다며 기뻐서 어쩔 줄 모른다. 서로 잘 맞는다는 건 굉장한 느낌이기 때문에 쉽게 사랑으로 인식될 수 있다. 하지만 그 안에는 위험도 숨어 있다.

친구 니콜은 이렇게 설명했다.

"예전에 우리 아빠는 엄마랑 정치적 관점에 대해 균형을 맞추고 싶어 했거든. 근데 이제는 나이도 들고 엄마를 너무 사랑하니까 될 대로 되라 하시는 거야. 그저 엄마 말에만 따르시는 거지. 그런데 결국에는 서로 극단으로 치닫더니 완전 막장이 돼서는 대화가 안 된다니까!"

무슨 일이든 나와 한통속이 되어 내 편에 서는 사람을 나에게 잘하는 사람이라고 생각하지 말자. 나에게는 잘하고 있을지 모르지만 나의 성장은 멈추게 할 것이다. 진심으로 서로를 생각한다면 서로의 잘못된 관점에 맞서고 마음속 이야기를 꺼낼 것이다. 더 나아가 상황이 좋지 않음에도 과도하게 '자아도취'에 빠져 있을 때는 현실이라는 찬물을 끼얹어 줄 것이다. 나에게 마음 쓰는 사람들을 위해서, 그리고 스스로 자만이라는 함정에 빠지지 않도록.

물론, 그렇다고 해서 무조건 나와 반대편에 서는 사람을 택해야 한다는 뜻은 결코 아니다. 상대방의 초심이 중요하다. 논쟁을 위해 논쟁을 하는 사람, 심지어는 억지 주장을 두려워하지 않는 사람이 있다. 그저 자신의 우월함을 드러내기 위해 상대의 발목을 붙잡는 사람도 있다. 더 최악은 '널 위해서야'라는 명목으로 상대방의 꿈을 짓밟고 자신감을 깎아내리면서 자신이 인정해 줘야 진짜인 것처럼 느끼게 하는 사람이다. 이런 사람은 '컨트롤 프릭Control Freak'이거나 나르시시즘에 빠진 사람일 수 있으니 무조건 멀리해야 한다.

어떻게 가려낼 수 있느냐고? 좋은 질문이다. 다음의 2가지 사항을 참고해 보자.

내 편인 듯 내 편 아닌 사람을 걸러 내는 질문

✦

첫째, 상대방에게 "이 일에 왜 그렇게 신경을 쓰는 거야?" 하고 물어보자.

그런 다음 상대방의 대답을 가만히 들어 보자. 정말 날 생각해서, 그리고 두 사람 모두를 위해서인지 아니면 그저 자신의 말이 맞는다는 걸 증명하기 위함인지. 이 둘의 차이는 극명하니 자세히 들어 볼 필요가 있다.

둘째, 상대방은 날 위해 변한 적이 있는지 생각해 보자.

컨트롤 프릭이나 나르시시즘에 빠진 사람은 상대방을 변화시키려고만 한다. 하지만 서로를 진심으로 생각하는 사람이라면 상대를 위해 타협할 줄도 안다. 마치 이런 것이다. 나는 이상주의자인데 상대는 실속파라고 가정해 보자. 내가 꿈을 이야기하면 상대는 눈을 흘길 것이고 상대가 계획을 이야기하면 나는 근시안적이라고 생각할 것이다. 그러나 어쩌면 가장 좋은 청사진은 꿈을 유지하면서 실용적인 측면까지 고려하는 것일지도 모른다. 서로의 방향으로 한 발씩 내디디면 더욱 온전해진다.

'최고의 거래 속에서는 양측 모두 자신이 이익을 보았다고 느낀다'라는 말이 있다. 애정 문제도 마찬가지다. 둘 사이에 마찰이 생길 수는 있지만, 관점의 충돌은 내 생각을 더욱 깊게 만든다. 상대가 나에게 맞설 수도 있지만, 그로 인해 나는 발전할 수 있다. 그런 다음 나역시 지지 않고 상대를 안전지대 바깥으로 밀어 버리면 모르는 새에둘 다 변화하게 되고 더 나은 사람이 될 것이다.

이쯤 되면 이런 말을 하는 사람이 있을지도 모르겠다. "우린 자주싸워요, 하지만 서로에게 잘하죠." 그렇다면 축복을 보낸다!

우리는 서로의 삶을
이끌어 준다

삶의 많은 순간에는 우리가 모르는 사이
결정적 역할을 해준 누군가가 있었을 것이다.
그들이 미친 영향이 하나둘 이어져
우리를 지금의 삶으로 이끌어 준 것이 아닐까.

당신의 삶에 가장 큰 영향을 끼친 선생님은 누구인가?

내 의식 속에는 거의 모든 선생님이 나의 인생에 영향을 주었던 것 같다. 그래서 어떤 선생님이 가장 큰 영향을 주었느냐고 물으면 수치화하기가 정말 어렵다. 왜냐하면 소위 말하는 '좋은 선생님'이 공부를 채근하고 성적을 올려 주는 종류의 선생님만 의미하지는 않기 때문이다. 반대로 결함투성이어도 어떤 중요한 순간에 결정적인 도움을 줄 수도 있다.

미국에서 만났던 수학 선생님이 바로 그런 분이었다. 초등학교 때부터 중학교 때까지 약 3년간 배웠던 선생님이다.

선생님은 절대 인내심이 제일 강한 사람도, 학생들을 제일 잘 가르치는 사람도 아니었다. 하지만 선생님이 했던 일이 있다. 반에서 수학 성적이 대체로 좋은 학생들을 수업이 끝나면 남게 한 뒤 더 어려운 문제를 내주었던 것이다. 나도 그 학생들 중 하나였다.

그때는 부모님이 모두 직장을 다니셔서 방과 후에 나를 데리러 올 사람이 없었다. 그래서 매번 보충 공부가 끝나고 나면 선생님이 차로 집에 데려다주셨다. 선생님 차는 완전 고물이었는데 그 안에는 각종 쓰레기며 잡동사니로 꽉 차있었다. 나는 매번 패스트푸드점의 도시락이며 감자튀김이 담긴 봉투 등을 한쪽으로 밀어 놓고 나서야 차에 탈 수 있었다.

선생님은 차에 올라타면 완전 다른 사람이 되었다. 차가 학교를 벗어나면 바로 담배를 꺼냈고 한 개비씩 줄지어 피웠다. 창문을 열어 놓고 자신이 좋아하는 옛날 록 음악을 큰 소리로 부르기도 했다. 교통 법규를 어기는 차가 있거나 갑자기 선생님의 차량 앞으로 끼어드는 차가 있으면 차창으로 고개를 내밀고 온갖 욕이란 욕은 다 퍼부었다.

만약 지금의 내가 이런 선생님을 만났다면 어떤 방법으로든 변화할 수 있도록 이끌고 가르쳐 주고 싶었을 것이다. 평소 많은 것들을 억누르고 있어서 마음에 울화가 쌓인 사람일 거라고 생각하기 때문이다. 하지만 그 당시의 나는 어린아이였기 때문에 그저 차 안에 가만히 앉아서 입을 꾹 다물고 있을 수밖에 없었다.

그럼 이런 선생님이 나에게 주었던 영향력이란 무엇이었을까? 선생님은 분명 학교에서는 아주 성실한 분이었다. 그렇다고 우리에게 많은 걸 가르쳐 주었느냐? 사실 그렇지는 않았다. 단지 시간을 조금 더 할애해서 보충 수업을 한 뒤 나를 집에 데려다주었을 뿐이다.

그런데 내가 중학교를 졸업하고 고등학교에 올라갈 무렵이었다. 교장 선생님이 부모님에게 전화해서 나를 스타이브슨 고등학교로 보내면 어떻겠느냐고 제안하셨다. 우리는 의아했다. 우리 집은 뉴욕의 교외에 있었고 대부분 집 근처에 있는 고등학교로 진학을 했기 때문이었다.

알고 보니 수학 선생님이 강력하게 제안해서 교장 선생님이 집으로 전화를 하신 거였다. 아마도 선생님은 나에게서 더 큰 잠재력을 보시고 인재를 사랑하는 마음에서 한 행동이었을 것이다. 다만 그전까지도 나는 선생님이 내게 그런 기대를 갖고 계신 줄은 꿈에도 몰랐다.

그 뒷이야기라면, 나는 정말 스타이브슨 고등학교에 진학했고 또 그곳에서 하버드대로 진학했다. 정말이지 내 삶을 바꿔 준 선택이었다.

나는 지금까지도 이 수학 선생님에게 정말 감사한 마음을 갖고 있다. 일반적으로 말하는 '우수한 선생님'도 아니고, 보통의 시선으로 보아도 그다지 호감을 살 만한 사람은 아니지만 나에게 확신과 신뢰, 그리고 더 큰 세계로 나아갈 수 있는 기회를 주었다.

'영향'을 끼친다는 것을 어떻게 정의 내리면 좋을까? 삶의 많은 순간에는 우리가 모르는 사이 결정적 역할을 해준 누군가가 있었을 것이다. 그들이 미친 영향이 하나둘 이어져 우리를 지금의 삶으로 이끌어 준 것이 아닐까.

Reboot

어떻게 해야 행복한 미래로 나아갈 수 있을까?

필요한 것이 있다면 찾고, 배워야 할 것이 있다면 배우자.

배움이 부족하다고? 더 이상 핑계가 되지 않는다.

내일의 행복한 나와 인생을 위해 지금 움직이자. 그게 정답이다.

5장

진정한 행복을 위해
기억해야 할 것

행복한 인생이란
무엇인가

───

돈을 많이 벌수록 만족감이 높아질까?
사실 언제나 그렇지는 않다.
'돈'이 할 수 있는 역할은 그저
우리가 가진 조건을 최적화할 수 있도록 돕고,
더 많은 기회와 자아 성장의 가능성을 주는 것이다.

여기 세 사람이 있다. 첫 번째 사람은 연봉이 4만 달러, 두 번째 사람은 12만 달러, 세 번째 사람은 20만 달러다. 세 명 모두 33세의 미혼 남성이다. 자, 이들 중 삶의 만족도가 가장 높은 사람은 누구일까?

똑똑한 당신은 이렇게 대답할지도 모른다.

"만족감이라는 것은 주관적인 문제이니 각자의 성격 차이도 고려해야죠. 이 질문은 애초에 문제가 있네요!"

인정한다. 만족감은 상당히 주관적인 것이다. 그러나 2018년에 여론 조사기관 '갤럽Gallup'이 전 세계적으로 진행한 '생활 만족도 조사 결과 보고서'에 따르면, 백 칠십만 명의 설문지를 토대로 통계를 냈더니 연봉과 생활 만족도는 정비례 관계를 보였다. 바꿔 말하면 많이 벌수록 만족도가 높다는 것이다. 하지만 연소득이 '만족점Satiation point'이라고 부르는 수준을 넘어가면 정비례 관계는 힘을 잃었다. 심지어 어떤 상황에서는 많이 벌수록 오히려 만족도가 떨어지는 경우도 있었다.

만족점은 국가와 지역 지리에 따라서도 차이를 보였다. 호주와 뉴질랜드는 만족점이 12만 5,000달러로 세계에서 가장 높다. 라틴 아메리카와 카리브해 지역은 3만 5,000달러로 만족점이 가장 낮았다. 동아시아의 만족점은 11만 달러다.

이를 바탕으로 추론해 보면, 처음에 했던 질문의 답은 연봉 20만 달러를 받는 사람이 될 것이다. 하지만 연봉 12만 달러를 받는 사람 역시 20만 달러를 받는 사람과 비슷한 만족감을 느끼게 된다. 그리고 4만 달러를 받는 사람은 라틴 아메리카나 카리브해 지역에 살지 않는 이상 대부분은 세 번째로 뒤떨어질 것이다.

나의 행복은 어디에 있는가

✦

이쯤에서 한번 생각해 보자. 만약 나의 연소득이 '만족점'을 넘는다면, 나의 '삶의 만족도'는 어디쯤 있을까?

우리 대부분은 이런 생각을 하지 않는다. 돈을 많이 벌 수 있는 기회가 있다면 마다할 이유가 없지 않은가? 어쩌면 우리의 만족점은 이미 평균치를 넘어섰는지도 모른다. 하지만 나 스스로가 그걸 모르고 있다면, 만족점을 슬쩍 넘어가도 내가 더 벌었다는 사실을 인식하지 못하고 만족감 역시 커지지 않는다.

만족감이 커진다고 해도 그와 동시에 돈을 많이 벌면 번뇌 역시 커진다. 친지나 친구들이 돈을 빌리러 찾아올 수도 있고 세무서에서 집으로 찾아오기도 한다. 생활 지출이 더 늘어날 수도, 관리해야 할 것들이 더 많아질 수도 있다. 오히려 원래는 느낄 수 있었던 즐거움마저 상쇄되어 버리기도 한다.

지금의 밀레니엄 세대와 그 이후를 살아갈 젊은이들은 이전 세대와 마음가짐이 아주 다를 것이다. 그중 가장 큰 차이는, 보편적으로 '돈을 더 많이 버는 것'보다 '행복한 삶에 대한 설계'를 더 중요하게 여기게 될 거라는 점이다. 그들은 단지 생활을 해나가는 것을 넘어 적극적으로 행복한 인생을 추구해 나갈 것이다.

훌륭하다! 그런데 천금을 주어도 살 수 없는 문제가 있다. 바로 '행복한 인생'의 정의다.

프랑스에 가서 디저트 만드는 법 배우기? 골드코스트에 가서 서핑하기? 고향으로 돌아가 친지와 친구들 만나기? 이것이 행복이냐 아니냐는 한 개인의 정서와 자신이 가장 중요하게 생각하는 것이 무엇이냐에 달려 있다. 또한 현재 자신의 생활이 만족점에서 얼마나 멀리 떨어져 있느냐도 함께 보아야 할 것이다.

이 모든 게 너무나 주관적이라는 생각이 들면, '소득선'을 가지고 내가 만족을 느낄 자격이 있는지 따져 볼 수 있지만, 아무래도 이건 너무 잔인하다. 우리는 누구나 자기 자신에 대해 조금 더 알고 싶어 한다. 하지만 기준이 없는 상황이라면, 어떤 방법으로 나의 인생을 가늠해 볼 수 있을까?

삶을 점검하는 4가지 질문

✦

네덜란드의 사회학자 뤼트 베인호번Ruut Veenhoven은 '행복한 인생'이라는 주제로 한 연구에서 흥미로운 구분법을 제시했다. '외적 vs 내적'과 '기회 vs 결과'로 구분한 2개의 선을 수직으로 교차해서 사분면을 만드는 방법이다. 각각의 면은 외적인 기회, 내적인 기회, 외적인 결과, 그리고 내적인 결과로 구분된다.

외적인 결과란 성취와 재산, 그리고 사회에서 이미 얻은 명성 같은 것이다. 외적인 기회는 사회와 경제 발전, 취업의 기회, 회사 내에서의 승진의 기회 등을 포함해 당신이 살고 있는 곳의 입지 조건을 말한다. 내적인 기회는 몸과 마음의 건강, 미래에 대한 전망, 삶에 대한 기대 등을 뜻하며 내적인 결과란 스스로가 이미 이뤄 낸 심신의 상태를 말한다. 이 구분법은 아주 중요하면서도 자주 잊히는 인간 본성의 특징을 참작했다.

그것은 바로 우리가 현재 느끼는 기쁨과 만족감은 반드시 미래에 대한 희망까지 고려된 상태라는 것이다.

만일 오늘 나는 좋은 하루를 보냈지만, 사회 분위기가 절망적이라는 생각이 들면 보수적이고 비관적으로 변할 가능성이 크다. 심하면 현재의 행복마저 누리지 못한다. 이와 반대로 지금 나의 수입은 아주 적지만, 현재 기회가 많고 내면의 성장이 기대되는 일을 하고 있을 수도 있다. 이것을 인지하는 것만으로도 아주 큰 원동력이 생기고 스트레스를 능히 감당하려 할 것이다.

외적인 기회	외적인 결과
• 점수 _____	• 점수 _____
• 이유 _____	• 이유 _____

내적인 기회	내적인 결과
• 점수 _____	• 점수 _____
• 이유 _____	• 이유 _____

앞의 구분법을 활용한 표를 통해 나 자신과 내가 가진 조건에 점수를 매겨 보자. 각각 0에서 10까지 점수를 매겨 보고 해당 점수를 내

린 이유에 대해 적는다. 다 적고 나면 다시 한번 보면서 점수 분포를 살펴본다.

예를 들어 '내적인 기회'는 높은 점수를 주었는데 '외적인 기회'는 낮은 점수를 주었다면, '나의 주변 환경을 바꿔야 하는 건 아닐까?'와 같은 사유를 해봐야 할 것이다. '외적인 결과'는 점수가 높은데 '내적인 기회'의 점수가 낮다면 '너무 돈 버는 일에만 바빠서 심신의 성장에는 소홀했던 게 아닐까?'하고 자신에게 질문을 해봐야 한다.

물론 만족스러운 인생이란 단순히 이 표를 만족시킨다고 해서 완성되는 것이 아니다. 하지만 달랑 만족점 하나만 갖고 따지는 것보다 이 구분법이 훨씬 더 의미 있다. 우리는 돈이 만족감의 유일한 근원일 수 없다는 것을 잘 안다.

돈이 할 수 있는 역할은 그저 우리가 가진 조건을 최적화할 수 있도록 도와주고, 우리에게 더 많은 기회와 더 많은 자아 성장의 가능성을 주는 것이다.

나의 삶을 제대로 점검해 보자. 그런 다음 자원을 분배하고 계획해 보는 것이다. 나 자신에 대한 투자로 나의 기량과 취미를 키우고 가족과 더 많은 시간을 함께하고 소통하자.

배우자, 부모님, 그리고 가족들과 서로의 만족도 점수를 가지고 이야기를 나눠 보고 공감대가 있는지 살펴보는 것도 좋다. 그 과정 안에서 내가 인지적으로 구축해 나가야 할 다리를 보게 될지도 모른다.

더불어 전에는 깊게 생각해 보지 않았던 근심과 바람을 찾게 될지도
모른다.

과한 성공은
오히려 독이다

———

실패는 우릴 멈춰 세우고, 자기비판과 재편을 강요한다.
하지만 과하게 성공할 경우, 모든 일을 빈틈없이 하려 애쓰게 되고
결국에는 나를 과도하게 고갈시킨다.

2019년, 대만계 캐나다 모델 겸 배우인 가오이샹高以翔이 사고로 세상을 떠났다. 이 소식을 막 들었을 때, 나는 내가 평행 우주로 뛰어든 줄 알았다. 하루 전날까지만 해도 얼굴을 보지 않았던가? 업계 간의 친목 모임에서 우리 둘은 잠시 인사를 하고, 마지막에는 팔씨름 악수를 나누었다. 전보다 말라 보인다는 생각이 들어서 "다음에는 너무 오랜만에 만나지는 말자!"라고 말하며 헤어졌다. 아직도 그 말이 귓가에 들리는 듯하다. 그가 세상을 떠났다는 사실을 도저히 믿을 수가 없었다.

가오이샹은 당시 닝보寧波에서 프로그램 촬영 중이었다. 사고가 일어난 날은 깊은 밤이었고 바깥 온도는 9도였다. 촬영 전부터 감기에 걸린 상태였던 그는 연일 10시간 넘게 일을 하던 중이었다. 체력이 받쳐 주지 못하고 화단으로 떨어졌을 때, 다들 잠깐은 프로그램상의 설정이라고 생각했다. 하지만 곧바로 실제 상황임을 깨닫고 모두 충격에 휩싸였다.

누리꾼은 제작진을 향해 거센 비난을 쏟아냈다. '장시간 촬영에 그렇게 체력 소모가 큰 촬영을 하면서 현장에 긴급 의료진조차 없었다니, 사람 목숨을 파리 목숨으로 보는 것 아니냐!'라면서. 나는 감정이 북받쳤다. 제작팀 일을 해본 사람이라면 알겠지만, 15시간이 넘는 업무는 지극히 일반적이었기 때문이다.

한계까지 달리는 게 당연한 문화

✦

예전에 제작사에서 광고 촬영을 할 때, 일이 한번 시작되면 아침부터 밤까지 온몸이 쑤실 정도로 힘든 건 기본이었다. 이런 고강도 노동을 합리적이라고 생각하는 사람은 없었다. 하지만 제작진은 다 함께 고생하고, 정신이 아득해져도 다시 또 달리는 이들이었다. 그것은 일종의 영예였다. 수면 부족으로 심장이 빨리 뛰고 약해졌다는 걸 느꼈을 때, 베테랑 카메라맨이 말하기를 빈랑檳榔(야자나무과 식물 빈랑의 잘 익은 씨를 말린 것으로, 대만에서 카페인, 니코틴, 알코올에 이어 네 번째로 흔한 중독성 자극제다-옮긴이)을 먹으면 좀 편해진다고 했다.

촬영이 끝나고 기자재를 회사로 옮길 때, 감독님이 야식을 쏘겠다는 말이라도 하면 감히 먼저 집에 가겠다고 이야기할 수 있는 사람은 거의 없었다. 이미 지칠 대로 지친 사람들과 술 몇 잔을 기울이고 나면 더 정신을 차릴 수 없는 상태가 되었지만, 서로의 관계는 더욱 친밀해지곤 했다. 이런 경험은 동료들 사이의 정의를 끓어오르게 했다. 어느 날 바깥에서 무슨 일이라도 생기면 팀의 동료들이 든든하게 받쳐 줄 것이라는 생각이 들 정도였다.

그런데 이런 성문화되지 않은 산업 문화는 누가 만들었을까? 어쨌든 모두가 이런 단련은 반드시 거쳐야 하는 과정이라고 생각하고 있다. 게다가 우리는 늘 선배들의 말을 들어 왔지 않은가. 그 시대에는 더 힘들었고, 기기도 더 무거웠으며 감독님도 훨씬 무서웠다고…. 끝없이 젊은 피가 진입하는 업계인 데다가 신입은 모두 마음의 준비를 하고 들어온다. 그들을 편안하게 해주자니 어쩐지 미안한 생각이 들고, 또 과거에 시련을 겪었던 나 자신에게도 미안해지는 것이다.

우리는 체력을 다 짜내고 열정을 불태우는 것을 마치 술 마시기 시합처럼 생각한다. 한계에 다다를 때까지 몰아붙여야만 그 사람의 진정한 인격과 패기를 볼 수 있을 거라고 말이다.

가오이샹처럼 직업 정신이 투철한 배우는 촬영장 뒤에서도 분명 명성이 자자했을 것이다. 모두가 그를 그저 아는 사람이 아닌 내 편으로 생각했을 것이고, 그 덕에 날이 갈수록 순탄하게 인기를 얻었다. 게다가 사람 자체가 겸손하고 가식이 없으며, 일이 바빠도 친구들 부탁을 지나치는 법이 없었다. 겉보기에는 체력도 좋고 편안해 보여서 그가 이미 한계에 도달했다는 것을 알아챈 사람이 없었다.

"35세야, 아직 젊다고! 근데 내가 정말 안타까운 건, 그 젊은 나이에 그렇게나 필사적이었다는 거야!" 친구들은 이렇게 말하며 탄식했다.

살면서 스스로에 대한 도전은 필요하다. 특히 젊은 시절에 자신의 안전지대를 끊임없이 무너뜨릴 수 있다면 그건 좋은 일이다. 하지만 나이가 들어가면서는 속도를 늦추는 법도 반드시 배워야 한다. 특히 한 산업의 문화가 내게 끊임없이 무한정 질주를 요구한다면 적당한 때에 거절할 줄도 알아야 한다.

창업을 한 친구가 최근 SNS를 통해 이런 문구를 남겼다.

'실패는 두렵지 않다. 다만, 과한 성공이 두려울 뿐이다.'

이 말의 뜻을 너무나 잘 알 것 같다. 실패는 우릴 멈춰 세우고, 자기 비판과 재편을 강요한다. 하지만 과하게 성공할 경우, 기회를 잃게 될까 봐 두려워 모든 일을 빈틈없이 하려 애쓰게 되고 결국에는 나의 자원을 과도하게 고갈시킨다. 책임감과 의리가 넘치고 팀워크를 중시하는 사람일수록 오히려 자신의 체력적 한계를 잘못 판단하기 쉽다.

무작정 달리는 경주마가 되지 말자

✦

사람의 목숨은 하나뿐이다. 몸과 마음의 건강을 언제나 1순위로 고려해야 한다. 만일 심신 고갈의 증상이 느껴지면, 반드시 휴식 시간을 가져야 하고 업무량을 줄여야 한다. 운동과 수면 시간을 늘려서 몸과 마음의 회복 시간을 가져야 한다. 더 나아가 우리는 자기 절제를 일종의 미덕으로 삼고 필사적으로 전력투구하는 지금의 기업 문화가 대체될 수 있도록 해야 한다.

프로 정신이 강하다는 이유로, 팀에 대한 책임감 때문에, 더욱이는 불합리한 산업 문화가 당연하다는 생각으로 스스로를 혹사하며 몰아붙여서는 안 된다. 나의 친구는 이제 돌아올 수 없게 되었다. 그러나 적어도 나는 다른 사람을, 그리고 지금의 나를 일깨워 줄 수 있다.

나쁜 습관을 깨뜨리는 것은
너그러움이다

———

머리를 땅에 오래 묻고 있을수록
고개를 빼는 일은 더 어려워진다.
나 자신을 너그러이 받아 줄 수 있어야
내가 갖고 있던 나쁜 습관을 깨뜨릴 수 있다.

당신은 자기 계발을 위한 계획을 하나 세웠다. 이를테면 다이어트
나 운동 습관 기르기 같은 것이다. 그리고 이렇게 다짐을 한다.

"이번엔 반드시 달성하고 말겠어!"

이후 한동안 정말 열심히 한다. 매일 진도는 나가고 있는데, 눈에
띄는 기록이 없다. 그러다 어느 날 문득 깨닫는다. '이상하다, 어째서
조금도 나아지질 않지?'

이런 상황, 겪어 본 적 있지 않은가?

타조가 된 사람들

✦

무슨 계획이든 장기간에 걸쳐 하나둘 쌓아 가고, 진전 상황을 규칙적으로 관리하는 것은 성공으로 가는 중요한 길이다. 업무에서도 '핵심 성과 지표KPI'가 필요하다는 것을 알고 있지 않은가! 일단 만들기는 만들지만, 자주 들여다보며 비교 분석하는 건 누구나 할 수 있는 일은 아니다. 특히 스스로 온갖 핑계를 갖다 대며 진도 점검을 회피하는 사람들이 있다. 왜 그럴까?

만약 당신도 그렇다면, '타조 효과Ostrich Effect'에 빠져 있는 건지도 모른다. 궁지에 몰릴 때 모래 속에 머리를 집어넣는 타조처럼, 우리도 진도 점검을 회피하기 위해 숨어 버리는 행동을 하고 있다는 것이다.

영국의 사회 심리학자 토머스 르웰린 웹Thomas Llewelyn Webb은 이러한 행동을 '시간 낭비나 잘못을 저질렀을 가능성, 또는 이미 진도가 뒤떨어져 있다는 사실을 받아들이려 하지 않기 때문에 나타나는 마음 상태'라고 말했다.

안타까운 건, 진전 상황을 보지 않으려 하는 사람이야말로 가장 진도를 생각해야 할 사람이라는 것이다. 예를 들어 이런 상태에 가장 매여 사는 것이 바로 작가다. 확실한 진도 스케줄을 정해 놓지 않으면 아무리 "매일 글을 쓰겠어!"라고 다짐해도 진척이 보장되지 않는다. 헬스클럽에 다니는 사람이 살이 빠졌다고 느끼면서도 체중계에 올라가지 않으려고 하는 것도 같은 경우다.

이렇듯 진전 상황을 보지 않으려는 마음의 일부는 내면의 두려움에서 시작된다. 우려했던 일이 현실이 되었을까 봐, 일의 진행이 예상처럼 순탄하지 않을까 봐 두려운 것이다.

물론 우리는 타조 효과가 일의 진행에 아무런 도움이 되지 않는다는 것을 안다. 목표를 달성하려면 '진행 상황에 대한 추적'이 필수다. 한 연구 보고에 따르면, 공부의 진도 상황을 주기적으로 기록한 학생이 수학 과제 수행에서도 비교적 결과물이 좋았고, 정기적으로 건강을 체크했던 환자는 자신에게 유익한 삶의 변화를 비교적 쉽게 받아들였다고 한다.

자, 그럼 우리는 어떻게 해야 타조가 되는 것에서 벗어나 원하는 목표를 이룰 수 있을까?

너그러움으로 나를 다독여 주자

♦

실망스러운 결과를 보는 건 고통이다. 그러나 내가 궤도에서 벗어나 있다는 것과 뒤떨어져 있다는 사실을 알고 나면, 나 자신을 바로잡을 수 있고 계획을 새롭게 세울 수 있다. 이미 타조처럼 눈앞의 현실을 피하고 있는 사람이라면, 스스로에게 꼭 이야기해 보자. 진도에서 뒤떨어졌다는 충격은 잠시일 뿐이라고. 그 사실을 일찌감치 발견하고 조금이라도 빨리 고치는 게 낫지, 발등에 불이 떨어질 때까지 기다렸다가 현실을 마주하는 일은 없어야 한다고.

자존심에 상처를 입을까 두렵다면 완벽주의자가 되지 말자고 나를 다독여 보자. 그르쳐도 괜찮고, 새롭게 출발한다 해서 창피할 것도 없다고. 이 모든 게 과정일 뿐이라고.

토머스 르웰린 웹은 "진전 상황을 놓치지 않게 동료의 협조를 구하거나 자동 알림 시스템을 이용해 진도 확인을 하자"라고 제안한다. 그가 속한 팀에서 발견한 또 하나의 사실은, 우리는 기분이 좋을 땐 진도 점검을 비교적 마다하지 않으며 진도가 뒤떨어졌다는 이유로 자신을 탓하지도 않는다는 것이다. 그러니 나를 조금 다독여 주자! 좋은 소식과 나쁜 소식 중 어느 것을 먼저 들을 것인가는 내가 결정할 수 있지만, 무엇이 되었든 반드시 현 상황을 마주해야 한다. 머리를 땅에 오래 묻고 있을수록 고개를 빼는 일은 더 어려워진다. 나 자신을 너그러이 받아 줄 수 있어야 내가 갖고 있던 나쁜 습관을 깨뜨릴 수 있다. 우리, 더 이상 타조가 되지 말자.

시간을
관리할 수 없다면

'정시'는 매일 정해진 시간에 창작 활동을 하는 것이다.
'정량'은 매일 너무 많은 것을 하지 않는 것이다.
'정시와 정량'은 창작자가 풍부한 창의력을 유지할 수 있는 비결이다.

나는 다양한 직업을 갖고 있다. 그래서 늘 여러 가지 일을 동시에 진행하는데 집에는 아내와 아이까지 있다. 그래서인지 내가 시간 관리를 잘할 거라고 생각하는 사람들이 많다. 하지만 솔직하게 시인하자면, 시간에 대한 나의 판단은 늘 '지나치게 낙관적'이다.

3시간이면 끝낼 수 있는 일에 5시간 이상을 쓰고, 차로 30분이면 갈 수 있는 거리를 실제로는 45분을 쓴다. 친구와 점심을 먹다가 1시간 정도 이야기를 나눴을까 싶으면, 친구가 웃으며 "어이, 형님. 2시간이 다 됐어. 일하러 들어가 봐야 하는 거 아냐?" 하고 알려 주는 식이다.

만약 우리 마음 안에 스톱워치가 있다면, 내 것은 분명 녹슬었을 것이다.

시간 관리는 많은 사람의 고질병이다. 우리에게 2시간이 주어진다면 우린 3시간을 쓰게 될 것이고, 10시간이 주어진다면 우리는 아침 나절을 쓸 것이다. 정말 풀기 어려운 문제다. 특히 크리에이터나 프리랜서 혹은 완벽주의자에게는 더욱 그렇다. 자신이 만족할 만한 수준에 도달하기까지 시간은 언제나 부족하고 또 부족하다.

당신도 그렇다면, 축하한다! 반어적 표현이 아니다. 사실 자신에게 엄격하고 발전을 추구하며 스스로 동기 부여를 한다는 것은 정말 멋진 일이다. 다만 시간을 늘 과다하게 쓰고 수면이 부족하며 다크서클이 심한 데다가 성격이 거칠어지고 마음까지 초조해진다면 좋지 않겠지만 말이다.

풍부한 창의력은 간소화에 달려 있다

✦

내게는 답답한 것이 하나 있다. 나의 아버지는 그림과 글쓰기 작업을 꽤 많이 하신다. 그런데 매일 오후 3시 30분이 되어서야 사무실에 오고 6시 30분에 저녁 식사를 한 뒤 일을 조금 하다가 정확히 8시에 산책을 한다. 아버지를 시계로 써도 될 만큼 시간을 정확하게 지킨다. 어떻게 하는 거냐고 물었더니 아버지는 나이 든 스님 같은 얼굴로 대답하셨다.

"풍부한 창의력을 유지하려면, 무조건 삶을 간소화해야 해."

정말 그렇다. 아버지는 집에서 식사할 때면 늘 우리에게 음식을 대신 덜어서 앞에 놓아 달라고 하셨다. 그 어떤 결정을 할 필요도 없이 끝까지 다 먹으면 그만이었다. 외식할 때도 늘 가는 곳은 식당 두 곳으로 정해져 있었다. 평일에는 집 밖으로 한 발짝도 안 나갈 만큼 '대단한 집돌이'였다.

하지만 나는 매일 회의도 나가야 하고, 친구와의 식사 약속도 자주 있다. 아마 대부분의 사람이 그럴 것이다. 일상을 살다 보면 재빠르게 대처해야 할 일들이 아주 많고, 갑자기 하고 싶은 일이 생겨서 그 일을 하게 되는 경우도 많다.

결국 우리는 살기 위해 일하는 것이지, 일하기 위해 사는 건 아니지 않은가?

'시작'보다 '정지'가 중요하다

◆

'간소화'가 안 된다면, 차선책을 택하자. 나는 '정시와 정량 지키기'를 해보기로 했다. 내가 생각하는 '정시'는 매일 정해진 시간에 창작활동을 하는 것이다. '정량'은 매일 너무 많은 일을 하지 않는 것이다.

나는 현재 매일 아침 9시부터 11시까지 시간을 정해 두고 글을 쓴다. 모든 방해를 없애고자 휴대폰과 와이파이를 끈다. 한눈을 팔지 않도록 종이를 옆에 한 장 놓아두고, 다른 업무 생각이 나면 일단 그 종이에 적어 둔다. 중요한 건, 11시가 지나면(이때는 좀 모질어져야 한다) 글을 반밖에 못 썼더라도 무조건 컴퓨터에서 벗어나는 것이다.

당신이 창작을 하는 사람이라면 이 같은 상황에서 가장 독해져야 할 순간은 '시작'이 아니라 '정지'라는 걸 알 것이다. 겨우 영감이 떠오르고 생각이 술술 풀리기 시작했는데 쇠뿔도 단김에 빼랬다고 일사천리로 써야 하지 않겠는가?

하지만 전혀 그렇지 않다. 나중에 안 사실은 '완벽주의'와 '일사천리'가 공존할 수 없다는 것이다. 완벽주의는 힘이 달릴 때까지 일을 하도록 만드는데, 실제로는 진작 멈췄어야 하는 일이 많다.

완벽주의를 가진 창작자라는 동물은 길들여질 필요가 있다. 길들인다는 것은 배고프게 만들고 제한을 주어 마음대로 할 수 없게 만드는 것이다.

나의 경험으로 볼 때, 매일 같은 시간에 고정적으로 창의력을 활용할 수 있다면, 하나의 일을 며칠에 걸쳐 완성하는 것이 억척스럽게 밤을 새워 가며 마라톤 식으로 하는 것보다 훨씬 수월하다. 또한 일을 마친 후에도 기력이 남아 있고 평일에도 비교적 사람답게 살 수 있다.

유전 인자가 강하다면, 창작자라는 동물은 생존법을 금방 찾아낸다. 영감을 사냥하기 시작하면 더 이상 눈만 높은 창작자가 아니다. 뿌리를 캐내고 그 자리에서 재료를 취합해 임기응변하면서 오히려 더 큰 창의력을 발휘할 것이다.

그러므로, 만약 당신이 창업자나 프리랜서, 1인 회사 혹은 '창의적인 일'을 하는 게 꿈인 사람이라면, '정시와 정량 지키기'를 제안한다. 창작자라는 동물을 시간이라는 틀에 가두고, 서커스에서 불길 치솟는 고리를 통과하거나 줄타기를 하는 것처럼 훈련시킨다. 뛰어야 할 때 뛰고 멈춰야 할 때 멈추도록 길들여야 시간에 끌려가지 않을 것이다. 시간을 관리할 수 없다면, 시간의 관리를 받자.

권위자를 마주하는
가장 좋은 태도

———

어릴 때부터 비교적 말을 잘 듣던 아이일수록
성인이 되면 권위자 앞에서 위축되기 쉽다.
이때는 상대 역시 한때는 초보였다는 것을 생각하면서
대범한 자세로 자연스럽게 소통하자.

당신은 혹시 권위자 혹은 자신보다 계급이 높은 사람 앞에 섰을 때 위축되는 경험을 한 적이 있는가?

얼마 전, 한 친구가 이것 때문에 고민스럽다며 글을 남겼다. 어릴 때 선생님께 불려 가 상담을 하던 때부터 직장 생활을 시작한 후 상사를 상대할 때까지 쭉 그래 왔다고 했다. 그것이 자신을 위해 자산을 쌓는 일이든 승진과 연봉 인상을 이야기하는 자리든 아니면 사직서를 내는 자리에서도 언제나 위축되는 기분이었단다. 마음의 준비를 충분히 해도 막상 이야기를 나눌 때면, 갑자기 자신감이 없어졌다.

상대에게 쉽게 설득당하거나 자기 생각은 접게 되면서 자신이 쓸모없게 여겨졌다고 한다.

이 문제에 대해 우선적으로 하고 싶은 말은 자신을 '비겁'하다거나 '쓸모없는' 사람으로 보지 말자는 것이다. 권위자 앞에 서면 자신감이 없어지고 소심해질 수밖에 없다. 무의식적으로 내가 상대보다 못하다고 생각하게 된다. 이것은 지극히 정상적인 것이며 어찌 보면 본능에 가까운 심리 상태라고 할 수 있다.

특히 어릴 때부터 비교적 말을 잘 듣고 착했던 아이일수록 성인이 되면 이런 심리 상태를 겪기 쉽다. 내가 바로 그랬다. 어릴 때부터 선생님이 무서웠는데 미국에 도착해서 다녔던 곳이 하필 또 기독교 학교였다. 학교에서 만나는 수녀님과 신부님은 무척이나 엄숙했기 때문에 경외심이 생기다 못해 무섭기까지 했다. 자연스럽게 나보다 높다고 생각되는 사람 앞에서는 본연의 내 모습으로 행동하기가 어려워졌다.

누구나 초보의 시절이 있었다는 사실을 기억하라

먼저, 이런 자신을 원망하거나 한탄하지 말고 정상적인 심리라고 생각하자. 그리고 이 문제를 어떻게 해결해야 나보다 지위가 높은 사람과 편안하게 대화를 나눌 수 있을지 알아보도록 하자.

비교적 효과가 있는 방법은 바로 나 자신에게 이 말을 상기시키는 것이다.

'사회적으로 지위가 높고 노련하며 경험이 많아 보이는 이들도 한때는 신입이었고 초보였다. 이들이 막 사회에 나왔을 때는 지금의 나처럼 까마득한 권위자를 우러러보며 감히 말 한마디도 못 했을지 모른다.'

이와 같은 시선으로 상대를 바라보고 이 생각을 마음에 간직한 채 상대방과 대화를 나눈다면, 꽤 태연해지고 자신감이 생기면서 실수를 덜 두려워하게 될 것이다. 상대방도 알게 모르게 당신을 보며 자신의 젊은 시절을 떠올리면서 좀 더 아끼는 마음과 공감력이 생길지도 모른다. 그렇게 되면 당신도 소통할 수 있는 여지를 더 많이 찾을 수 있다.

자연스럽게 말하고, 당당히 서고, 똑바로 앉자

✦

또 하나 기억해야 할 것은 의도적으로 행동할 필요 없이 자연스럽게 하면 된다는 점이다. 가끔 상사나 권위자 앞에서 대단한 척을 하고 적극적으로 소통해야 한다고 생각하는 사람이 있다. 심하게는 자신이 훌륭하다는 걸 보여 주고 깊은 인상을 남기려면 상대의 말을 끊어서라도 자신의 견해를 표현해야 한다고 생각한다. 하지만 최대한 피해야 할 행동이다. 상대는 금방 꿰뚫어 볼 것이고 그때부터 두 사람의 대화는 어색해질 것이기 때문이다.

가장 좋은 행동은 상대가 말을 마치면 그때 상대가 한 말에 따라 반응하고, 나의 견해를 제대로 전달하는 것이다. 이대로만 한다면 큰 탈 없이 두 사람의 대화는 자연스럽게 흘러갈 것이다.

이 과정에서 당연히 스트레스도 받고 긴장도 되겠지만, 이 또한 정상이다. 긴장한 나머지 무의식적으로 하게 되는 행동, 예를 들면 다리를 떨거나 손가락을 물거나 자꾸 휴대폰을 본다거나 하는 행동만 하지 않도록 주의하면 된다. 약한 모습을 상대에게 보이지 말라는 의미가 아니다. 내가 긴장하면 '거울 효과mirror effect' 때문에 상대방까지 긴장할 수 있기 때문이다.

꼿꼿하게 당당히 서고, 똑바로 앉자. 언젠가 언급했듯, 올바른 신체 자세는 더욱 조화로운 생각을 가져오고 서로의 관계를 온전하게 만든다.

이 심리 상태를 조금 더 변화시키고 싶다면 역시 자신의 실력을 먼저 업그레이드해야 한다. 성적과 실적을 더 쌓고 다양한 사람과 자주 교류하면서 실전을 통해 온전한 심리 상태를 갈고닦아 더 자신 있고 꼿꼿한 사람이 되자. 이것이 문제를 해결하는 근본적인 길이다.

그 이전에 권위자나 대단한 사람을 마주하면 진실한 모습을 보이는 게 좋다. 아무리 업계에서 모두가 존경하고 도저히 따라갈 수 없는 슈퍼 달인일지라도 어느 정도 공감 능력이 있는 권위자라면, 젊은 사람들을 마주할 때 그들이 어리숙하고 진실할수록 더욱 마음을 살펴 주고 그들의 성장을 묵묵히 기다려 줄 것이다.

미국의 영화배우 조셉 고든 레빗Joseph Gordon Levitt은 아역 배우 출신이다. 그가 10세 때, 유명 배우이자 감독인 로버트 레드포드Robert Redford의 작품을 촬영하던 때의 일이다. 촬영장에는 배우들의 '동선'이라는 게 있다. 촬영 효과의 극대화를 위해 조명과 카메라 렌즈를 세팅해 두기 때문에 배우들이 정확한 위치로 이동할 수 있도록 바닥에 수많은 표시를 해두는 것이다. 그런데 당시 어린 나이였던 그는 대사도 외워야 하고 연기도 해야 하다 보니 동선에서 자꾸만 실수를 했다. 백여 명 넘게 모여 있는 촬영장에서 모두가 어린아이를 바라보며 기다리고 있다. 아이는 얼마나 무섭고 떨렸을까.

그때 촬영 감독이 그를 위로하며 말했다.

"얘야, 조금 천천히 이동해 봐. 바닥 위의 표시를 자세히 보면서. 알았니?"

아이를 배려한 좋은 말이었다. 하지만 아이는 더욱 긴장했다.

촬영이 시작되기 전, 감독이 다가왔다. 그는 아이만 들을 수 있을 만큼 작은 목소리로 귓가에 말했다.

"걱정하지 말거라. 나는 처음부터 동선을 제대로 밟아 본 적이 한 번도 없었단다."

이 한마디가 아이의 모든 긴장을 한순간에 날려 주었다.

감독의 행동은 매우 지혜로웠다. 진정으로 존경받을 만한 권위자이자 윗사람이라면 마땅히 할 수 있는 일이었다. 젊은이의 긴장과 스트레스를 이해하고, 부족함은 공감하는 마음으로 포용하고, 그들의 성장을 기다려 주는 일.

언젠가 당신 역시 다른 누군가의 윗사람 또는 권위자가 되면, 눈앞에서 불안과 긴장을 느끼고 있는 젊은이에게 과거의 나 자신을 마주하는 것처럼 대해 주기를 바란다.

나의 무지 앞에
당당히 서라

나의 무지 앞에 설 수 있을 때,
비로소 배움의 눈이 넓어지고
다른 사람의 가르침을 겸허히 받아들일 수 있다.

당신은 '무식하면 용감하다'라는 말을 어떻게 생각하는가? 정말 무식하면 용감할까?

나는 맞는 말이라고 생각한다. 아는 것이 없는 사람일수록 자신감이 넘치고 자기 잘난 맛에 산다. 자신을 제대로 볼 줄 모르거나 자신이 별 볼 일 없다는 것을 인정하지 않으려 한다.

이런 현상을 전문 용어로 '더닝 크루거 효과Dunning-Kruger effect'라고 한다. 이 현상을 연구했던 두 명의 학자 데이비드 더닝David Dunning과 저스틴 크루거Justin Kruger의 이름을 따서 명명한 것이다. 더닝 크루거 효과는 능력이 없는 사람이 잘못된 판단을 내려 부정적인 결과가 도출되어도, 능력이 없어 자신의 실수를 알아차리지 못하는 현상을 말한다. 사람은 자기 능력을 자주 과대평가하고 자신을 평균 수준보다 높다고 생각하며, 특히 무능력한 사람일수록 자신에게 높은 평가를 내리는 경우가 많다. 예를 들어 소셜 미디어를 보면 댓글 창에서 천하를 논하거나 기가 막힌 말솜씨로 글을 쓰는 사람들을 자주 볼 수 있다. 마치 그 일의 자초지종과 해결법을 이 세상에서 혼자만 제일 잘 알고 있다는 듯이. 또 정작 자신은 엉망으로 살고 있으면서 다른 사람의 삶에 '감 내놔라 배 내놔라' 지시하고 가르치는 버릇을 가진 사람도 있다. 이와 반대의 경우도 있다. 비즈니스 업계의 원로나 학식이 풍부한 전문가는 보고 들은 것이 많으니 원래는 가장 자신감이 넘쳐야 할 사람들이다. 하지만 넓은 세상을 보았던 경험으로 자신의 부족함을 알기 때문에 오히려 만물 앞에서 겸손과 경외심을 갖는다.

이쯤에서 궁금해질 것이다. 그럼 더닝 크루거 효과의 심리 상태는 도대체 어디에서 오는 걸까?

자신을 과대평가하는 이들의 2가지 심리

✦

첫째, 이 심리는 '승부욕'에서 비롯된다.

우리는 자신을 평가할 때 다른 사람보다 좀 더 잘하고 싶은 마음

혹은 적어도 '중상 수준'은 돼야 한다는 오기가 생기는데 이는 정상이다. 그러나 승부욕과 경쟁심이 유독 강한 사람이 있다. 그들은 자신이 다른 사람을 이겼는지, 다른 사람보다 나은지에만 으레 관심을 쏟는다. 자기 능력을 평가할 때 오기가 생겨 자동으로 가산점을 주는데, 이것은 겉으로 큰소리치고 싶은 마음과 자존심을 지키고 싶은 마음에서 나온다.

둘째, '자기 인식' 능력과 '상황 인식' 능력이 부족한 데에서 온다.

예를 들어 어느 한 분야의 초보자일 경우, 배웠지만 아는 것이 없거나 겨우 조금 아는 수준에서는 문제를 맞닥뜨려도 그 문제가 어디에서 발생한 것인지, 어떻게 고쳐야 하는지, 심지어는 그것이 문제라는 것조차 모른다. 이것은 '자기 인식' 능력이 부족한 것이다.

반면, 문외한은 무슨 일이든 쉽게 할 수 있고 어렵지 않다고 생각한다. 다른 사람이 수월하게 하는 동작이 사실은 반복된 연습을 거친 결과라는 것을 전혀 모르고, 다른 사람의 어떤 점이 대단한지도 알지 못한다. 이것은 '상황 인식' 능력이 부족한 것이다.

더닝 크루거 효과를 극복하는 2가지 비법

✦

더닝 크루거 효과는 '무지한 사람'에게만 나타나는 건 아니다. 이는 다양한 방면에서 우리에게 영향을 준다. 예를 들어 처음 무언가를 배우기 시작할 때, 입문 단계는 쉽기 때문에 자신감이 급상승하고 어렵지 않다고 여긴다. 그러나 점차 배우는 것이 많아지면 많은 사람과 비교하게 되고 더 많은 어려움을 겪게 된다. 이때는 자신감이 떨어지기 시작한다. 천천히 이 능력을 마스터해 나가야 자아 인지가 점차 바로잡힐 수 있다. 그렇다면 더닝 크루거 효과가 가져올 부정적인 영향은 어떻게 극복해야 할까?

첫 번째, '솔직한 피드백'이 필요하다.

믿을 만한 사람 혹은 내가 오르고 싶은 분야의 스승을 한 명 찾는다. 정기적으로 그에게 가르침을 받으면서 솔직한 피드백을 부탁한다. 피드백은 단순히 좋다, 나쁘다가 아니라 최대한 구체적일수록 좋다. 구체적일수록 더 많은 도움이 되기 때문이다. 귀에 거슬리는 피드백일지라도 무조건 귀 기울여 들어야 한다. 자신의 상태를 정확하게 아는 것만이 발전의 길이라는 것을 스스로 상기하자.

두 번째, 꾸준히 배워야 한다.

해당 분야의 전문 지식과 이론을 다양하게 접하고, 뛰어난 사람들과 더 많이 소통하자. 계속해서 질문을 던지며 나 자신의 부족함이 어디에 있는지 깊이 생각해 보자. 무언가에 대해 더 많이 이해하고 정통할수록 자기 능력을 정확하게 평가할 수 있다.

"내가 아는 단 한 가지는 나 자신이 무지하다는 사실 그것뿐이다."

소크라테스의 명언을 마음 깊이 새기자. 나의 무지 앞에 설 수 있을 때, 비로소 배움의 눈이 넓어지고 다른 사람의 가르침을 겸허히 받아들일 수 있다. 늘 떠올리자. 배우는 과정에서는 성실하게 한 발씩 나아가는 것이 순위보다 더 중요하다는 것을.

잘 알아야 인정할 수 있고
인정해야 나아갈 수 있다

목표를 정할 때는 우선 나의 동기를 확실하게 파악하는 것이 가장 중요하다.
제대로 알아야 인정할 수 있고, 인정해야 전력을 다해 달릴 수 있다.

최근 얼마간 고향 집에 다녀왔다는 친구를 만났다. 친구는 나이가
들수록 부모에게 불만이 커지는 것 같다고 했다. 동시에 '줏대 없고
능력 없는' 자신이 너무나 싫어졌단다. 앞으로 집을 사서 독립할 능
력이나 있을지에 대해서도 확신이 없었다. 결혼 문제에 대해서도 스
스로를 성질이 더럽다고 생각했기 때문에 그다지 자신이 없었다.
　친구는 수많은 응어리를 품고 인생의 기로에 서있는 게 분명했다.
자기 자신, 가정, 그리고 업무 능력에 대해서도 마치 완성해야 하는
많은 '임무'가 있는 듯했다. 하지만 이 세상을 살아가는 우리의 가장

큰 임무는 나만의 행복을 찾고 가장 멋진 나로 살아가는 것이 아닐까.

물론 그 과정이 그렇게 쉽지만은 않을 것이다. 이 길을 걷다 보면 주변에서 온갖 목소리가 들려온다. 서로 다른 가치관이 충돌하면서 때로는 우리를 구속하거나 방해하기도 한다. 예컨대 결혼의 전당으로 아주 자연스럽게 들어서는 사람도 있고 비혼주의를 고수하면서 자유롭게 살아가는 사람도 있다. 방 한 칸 갖는 것을 택하는 사람도 있지만 대범하게 세계 일주를 나서는 사람도 있다. 선택은 저마다 다르지만 이들의 키워드는 '자유'다.

앞서 언급한 친구는 집이란 당연히 사야 하는 것이고, 자신의 성격이 나쁘다는 생각에 결혼 문제에도 희망을 품지 않았다. 하지만 '집을 사는 것이 가정을 이뤄서 소속감을 갖고 싶어서인지, 아니면 독립의 기쁨을 누리고 싶어서인지' 고민해 볼 수 있지 않을까?

독신으로서의 자유 때문이 아니라 못난 성격 때문에 결혼 문제를 피하고 있는 거라면 집을 소유하고 난 후의 생활은 어떠할지 상상해 봐도 좋다. 나에게 안정을 가져다줄 것인지, 아니면 잠시 잠깐 부모의 잔소리에서 벗어나게 될 것인지. 안착하게 될지, 아니면 얼마 못 가 다음 단계의 목표를 찾아 나서게 될 것인지.

'나'를 마주할 때 얻게 되는 것

✦

자아실현을 하며 살아가다 보면 금전이나 성취, 지위 등은 자연스럽게 뒤따라온다. 그러나 만약 내가 실현하려는 것이 무엇인지 모르면서 단순히 물질만을 쫓아 목표를 추구하면 아주 잠깐은 동기 부여가 될지도 모르지만 목표를 이루고 난 다음은 어떨까?

첫 번째 집이 마음에 안 들어서 두 번째 집, 또 세 번째 집이 갖고 싶어진다면… 이렇게 끝없이 가다 보면 진정한 기쁨과 만족을 얻을 수 없다. 자신의 느낌을 바로 마주하고 '내가 원하는 것이 무엇인가'에 대해 다시 생각해 봐야 한다.

나 자신을 마주하는 과정을 통해 내가 진정 원했던 것을 발견할 수 있다. 물건은 쌓여 있지만 여전히 '텅 빈 느낌의 집'이 아니라 누군가가 '나와 함께 하는 집'이라는 걸 느끼는 것이다. 함께 요리하고 영화를 보고 언제나 문을 열면 나만의 등불이 있는 공간 말이다.

그렇다면 현실이 가진 벽, 그리고 내가 가진 것과 못 가진 것을 마주해야 한다. 나의 나쁜 성격 때문에 이 꿈을 이룰 수가 없다면 다 내려놓고 성격을 고쳐야 한다.

매일의 작은 성취를 통해 내일의 큰 반전을 이루자

✦

그 밖에, 많은 사람이 나이가 들수록 자신의 관념과 습성이 실은 부모와 매우 닮았다는 걸 깨닫는다. 심지어 모든 심리학이란 '자기 자신이 성장 과정에서 어떻게 만들어졌는가'를 점차 깨달아가는 것이라고도 한다.

시대에 뒤떨어진 관념들이 있다. 하지만 그래서 좋다. 시간이 지남에 따라 쌓여온 지혜이자 남겨 둘 가치가 있는 미덕이기 때문이다. 예컨대 예의염치와 절약, 존중 등은 현대 사회에서도 필요한 것들이다. 또 예를 들어, 패션 산업이 전 세계의 환경 보호에 끼치는 영향 앞에서 우리는 가슴에 손을 얹고 자문해야 한다. '지나친 상업화와 새로운 것만을 추구한다면 앞으로 우리가 이 지구상에서 계속 살아 나갈 수 있을까?' 그 순간, 절약과 소박을 이야기했던 '오랜 관념'은 더욱 귀한 것이 된다.

이렇게 나와 위 세대 사이의 비슷한 점을 발견하는 것은 공통점을 살펴보는 좋은 기회가 된다. 인정할 수 있는 것이라면, 근본을 잊지 말고 부모가 내려 준 관념에 감사하자. 지금은 활용할 수 없는 관념이라면, 즉 계급에 대한 관념이나 인종에 대한 관념, 고정 관념 등은 이성적으로 극복해 나가도 좋다.

그러나 나의 성격상 뿌리 깊게 박혀 있어 쉽게 바뀌지 않는 부분이 있다면, 그때는 왜 그것을 바꾸고 싶은지에 대해 쭉 써보자. 이때는 이유를 정확히 파악하는 것이 무엇보다 중요하다. 그런 다음 계획을 다시 세워 보자.

성격이나 습관은 분명 쉽게 바뀌지 않는다. 그렇다고 해서 바꿀 수 없는 것은 아니다. 매일 작은 성취를 이뤄 가다 보면 그것이 쌓여 커다란 반전을 만들어 낸다.

예컨대 저가의 물건을 자주 사고 잘 버리지 못하는 사람이라면, 그다지 필요 없는 물건을 매주 하나씩 없애 보는 것이다. 버려도 좋고 재활용을 해도 좋다. 매주 구매할 수 있는 물건의 개수를 제한해 두는 것도 방법이다. 쇼핑 리스트를 적어 두면 나도 모르게 불필요한 물건을 사게 되는 것을 막을 수 있다.

목표를 정할 때는 우선 나의 동기를 확실하게 파악하는 것이 가장 중요하다. 제대로 알아야 인정할 수 있고, 인정해야 전력을 다해 달릴 수 있다.

아무것도 바라지 않을 때
비로소 모든 것을 가진다

———

욕심을 모두 버려야 한다는 것이 아니다.
더 이상 나의 내면과 다투지 말자는 것이다.
내려놓음을 배우고 그동안의 것을 내려놓아야
앞으로의 것을 손에 넣을 수 있다.

'전력을 다했을 때는 오히려 힘들어 보이지 않는다'라는 말이 있다. 결국 최선을 다하면 후회가 없다는 말과 일맥상통한다.

그러나 당신은 혹시 이런 적이 없는가? 아무리 노력해도 목표를 이룰 수 없을 것 같은 느낌이 들었던 경험 말이다. 어떤 불가항력의 요인 때문일 수도 있지만, 혹시 나의 능력 부족을 의심하다 보니 실패한 것처럼 느낀 적은 없는가?

어느 외국 기업에서 일하는 내 친구는 매일같이 자신의 본분을 지키며 근면 성실하고 두각을 나타내려 애썼다. 일의 결과물도 나쁘지 않았다. 안건을 제출하면 늘 상사의 칭찬을 받았다. 어느 날, 부서에 신입이 들어왔다. 그런데 이 신입이 열심히 일을 하더니 승진하면서 해외 부서로 이동을 하는 것이 아닌가! 그러나 친구는 여전히 같은 자리에서 같은 일을 하고 있었다.

그렇다. 우리 주위에는 아무리 노력해도 헛수고로 돌아가는 일들이 많다. 누군가는 공무원이 되겠다고 노력해 보지만 합격하지 못하고, 누군가는 아무리 다이어트를 해도 결실이 없으며, 또 누군가는 창업을 하겠다고 회사를 뛰쳐 나오지만 실패를 한다. 인생이란 가끔은 쫓으려 하면 할수록 멀어지기도 한다. 이처럼 인생의 밑바닥으로 떨어졌을 때 원망하고 한탄하는 것 말고, 이 썰물에 휩쓸려 잠기지 않으려면 우리는 무엇을 할 수 있을까? 그 방법을 3가지로 제시해 본다.

① 나 자신과 대화하기

일단 최선을 다했다면 우선 나에게 "나도 정말 많이 노력했어!"라고 이야기해 주자. 노력 자체가 쉽지 않은 일이기 때문이다. 노력이란, 내가 얻고자 하는 것이 무엇인지 알기 때문에 그것을 얻고자 행동으로 옮기는 것이다. 자신이 원하는 것이 무엇인지도 모른 채 매일을 아무런 생각 없이 살아가는 사람도 많지 않은가. 그러니 최선을 다했던 자신에게 박수를 보내라고 권하고 싶다. 격려를 보낼 가치가 충분하니까.

② 받아들이는 연습하기

이미 할 수 있는 노력을 다했음에도 일의 진전에 희망이 보이지 않는다면 마음으로 받아들이자. 외부 환경이나 다른 사람의 생각은 변화시킬 수 없지만, 나의 마음을 조절하는 것은 가능하기 때문이다. 일이 영 내 생각대로 되지 않는다면, 차라리 받아들이고 방향을 바꿔야 더 많은 선택지가 생긴다. 아무리 정신없이 쫓아가 보아도 꿈에 다다를 수 없다면, 마음을 느긋하게 먹고 받아들이는 연습을 해보자. 자신을 너무 몰아붙이지도, 다른 사람을 바꾸려고 애쓰지도 말고.

③ 시선을 멀리 두기

우리는 가끔 눈앞의 것에만 집중하느라 장기적인 발전에는 소홀해진다. 예를 들어, 앞에서 언급했던 친구의 경우 분명 자신은 부족함이 없다고 생각했을 터인데, 무엇 때문에 다른 사람이 먼저 승진을 했을까? 그가 여유로운 마음을 갖고 자신의 역할을 분명히 했다면, 또 자신이 좋아하는 직책에서 지속적으로 자신 있게 날개를 펴나갔더라면 많은 이들의 눈에 들었을 것이다. 더 나아가 그가 생각지 못한 능력을 가진 사람이라는 것을 사장까지 알게 되었을지도 모른다. 우리가 마음을 느긋하게 갖고 나의 분야에서 능력을 계속 발휘해 나가면, 상상하지 못했던 기회들이 제 발로 찾아올 것이다.

목표가 분명하면 과거에 얻고 잃었던 것으로 인한 부정적인 감정 안에서 맴돌지 않는다. 그리고 장기적인 발전에 진정한 도움이 되는 것들을 더욱 찾을 수 있다.

나의 그릇이 커지면 행운의 레이더 역시 함께 커진다. '아무것도 바라지 않을 때, 비로소 모든 것을 가진다'라는 말처럼.

이제 우리는 안다. 욕심을 모두 버려야 하는 게 아니라 더 이상 나의 내면과 다투지 않아야 한다는 것을. 내려놓음을 배우고 그동안의 것을 내려놓아야 앞으로의 것을 손에 넣을 수 있다.

우리가
일찍 깨달아야 할 것

우리 모두가 조금이라도 일찍 깨달았으면 좋겠다.
우리가 집을 떠나는 그 순간, 가족과의 관계는 되돌릴 수 없이 변하게 될 거라는 것을.
이 변화를 받아들이고, 가족과 소통하며 함께 나누는 매 순간을 소중히 해야 한다.

대만의 유명한 체인 음식점 '쭈지셴빙朱記餡餅'이 홍보를 위해 찍었던 광고 영상이 있다. 겨우 2분 분량밖에 안 되는 그 영상을 보면서 나의 얼굴은 눈물범벅이 되었다.

이야기는 이제 막 사회생활을 시작한 어느 젊은 주인공의 일터에서 시작된다. 주인공은 촬영 현장에서 조수로 일하며 잡일을 도맡아 한다. 오토바이로 도시락을 잔뜩 실어 나르거나 종일 감독의 심부름을 한다. 매일 소파에 쓰러져 잠이 들 정도로 일을 하지만, 통장 잔고는 언제나 적자다. 그러던 어느 날 꿈에 엄마가 나타나 물만두를 삶아 준다. 엄마와 웃으며 이야기를 나누다 문득 잠에서 깨어 보니 혼자다. 테이블 위에는 아직 물도 붓지 않은 컵라면이 놓여 있다. 그때 주인공이 휴대폰으로 엄마의 영상을 본다. 영상 속의 엄마는 '외지 생활을 하고 있으니 몸을 잘 챙겨야 한다'라고 당부한다. 주인공은 엄마의 말대로 주방에 들어가 물만두를 한 그릇 삶는다. 그러고는 만두를 먹으며 엄마의 영상을 보고 또 보다가 눈물을 흘리며 말한다.

"제 몸은 제가 잘 챙기고 있으니까 걱정하지 마세요."

그제야 우리는 주인공의 엄마가 이미 세상을 떠나고 없다는 사실을 알게 된다. 엄마가 아들을 위해 남겨 둔 영상은 주인공이 타지에서 느끼는 유일한 그리움이었다.

이 광고가 묘사하고자 했던 찡한 감정은 광고를 본 사람이라면 모두 느꼈을 거라 믿는다. 고향을 떠나 대도시에서 고군분투하며 살아가는 젊은이가 갈수록 많아지면서 가족과 함께하는 시간은 점점 짧아지고 있다. 어떻게 해야 부모와 가족애를 계속 유지할 수 있을까?

오늘날 모두가 휴대폰을 사용하고 영상 통화도 쉽게 할 수 있는 시대가 되었지만, 아직 스스로 떳떳하지 못하다는 생각에 휴대폰을 들었다가 다시 내려놓게 되는 일도 많을 것이다. 예컨대 일단 전화를 받으면 부모에게서 쏟아지는 각종 질문, 즉 "일은 어떠니?", "밥은 잘 먹고 다녀?", "왜 그렇게 살이 빠졌니?", "애인은 생겼고?" 등등 때문이다. 이 질문들만 놓고 생각해 보면 마음의 준비를 충분히 해야 통화를 할 수 있을 것만 같다. 특히 명절이 되어 집에 갈 때는 더더욱 숨을 크게 한 번 들이마셔야 한다. 그래야 집으로 들어서서 가족들이 던지는 수많은 물음을 맞이할 수 있으니까.

영어에 'No news is good news'라는 말이 있다. '무소식이 희소식'이라는 뜻인데, 모든 일이 그렇지는 않다. 부모와 원만한 관계를 유지하는 가장 좋은 방법은, 평소에 아니면 주기적으로 소통하는 관계를 만드는 것이다.

집은 언제나 그 자리에 있는 것 같고, 매번 통화할 때도 부모님은 그 모습 그대로 고향 집에서 늘 같은 일상을 살고 있을 것 같다. 하지만 사실 우리도 부모도 끝없이 변해 가고 있다. 일과 삶이 우리를 계속 변하게 만드는 것처럼 부모 역시 마찬가지다. 많은 친구가 내게 그랬다. 가족들과 자주 연락하며 살아야겠다는 걸 느끼고 집을 가 보면 부모님은 등이 굽어 있거나 걸음이 느려져 있거나 병들어 있었다고.

우리 모두가 조금이라도 일찍 깨달았으면 좋겠다. 우리가 집을 떠나는 그 순간, 가족과의 관계는 되돌릴 수 없이 변하게 될 거라는 것을. 이 변화를 받아들이고, 가족과 소통하며 함께 나누는 매 순간을 소중히 해야 한다.

우리 둘째 이모가 이 방면으로는 아주 뛰어나다. 나의 외할아버지,

외할머니, 그리고 부모님은 모두 뉴욕에 사는데 벌써 20년 넘게 대만 땅을 밟지 않았다. 둘째 이모는 대만에 살고 있는데 매주 정해진 시간(뉴욕 시간으로 토요일 저녁)마다 외할머니께 전화해 최소 30분을 통화한다고 했다. 외할머니는 거동이 불편하신데도 매주 토요일 저녁이면 미리 몸치장과 준비를 마치고 전화기 옆에 앉아서 벨소리가 울리기를 기다리신다.

우리도 정기적으로 부모님께 전화를 한다면 어떨까. 상상해 보자. 전화기 옆에 앉아 벨소리가 울리기를 기대하고 있는 부모님의 모습, 얼마나 찡한 장면인지.

물론 부모님도 나름 체면을 차리느라 우리가 전화를 하면 가끔은 퉁명스러운 목소리로 "왜? 무슨 일이니? 이제야 우리 생각이 났나 보구나…."라고 할 수도 있다. 우리는 그 볼멘소리를 제대로 알아듣고, 그것이 부모의 보호색임을 읽어야 한다. 부모님은 사실 어리광을 부리고 있는 것이다.

소통의 기술을 하나 제안하고 싶다. 소소한 질문 하나를 생각해서 A 혹은 B라는 보기를 만든 뒤 부모님께 조언을 구하는 것이다. 예를 들면, "모임이 있는데 이 옷 아니면 저 옷을 입고 싶거든요. 근데 뭘 선택해야 할지 모르겠어요. 어떤 게 나아요?"라든가 "물만두는 어떤 브랜드가 맛있어요?"처럼.

크게 중요치 않은 질문처럼 들릴 수 있다. 그런데 이 기술의 핵심이 바로 거기에 있다. 정말 진지하게 생각해야 하는 문제나 삶에 영향을 끼칠 만한 일에 대해서는 스스로 마음에 이미 답을 갖고 있는 경우가 많다. 이런 것들을 질문으로 던지면 부모님은 이런저런 거창한 이치를 잔뜩 늘어놓을 것이고, 그렇게 되면 서로를 감정적으로 대하기 쉽다. 그러니 대수롭지 않은 질문으로 시작하는 편이 좋다.

우리는 가까운 사람에게 문제의 답을 주거나 조언하는 것을 좋아한다. 그러니 소소한 질문들을 던져서 부모가 나를 돕고 있다는 느낌을 주는 것은 아주 좋은 소통의 매개다. 특히 일주일에 한 번씩 소통할 수 있다면 지난 일주일 동안의 일을 털어놓는 것만으로도 이미 할 이야기는 많을 것이다.

이 방면으로는 나의 아내도 아주 잘한다. 기본적으로 매주 일요일이면 뉴욕의 집으로 영상 통화를 건다. 할아버지와 할머니에게 손주를 보여 드리는데 아이들을 보는 것만으로도 부모님은 즐거워하신다.

내가 대학에 막 입학했을 때, 학교는 신입생 학부모에게 편지를 한 통 보냈다. 편지에는 이런 말이 있었다.

'당신의 자녀는 이제 곧 아주 다채로운 모험을 시작할 겁니다. 그 과정에서 많은 변화를 보일 수 있습니다. 어쩌면 한동안 적응이 안 될지도 모릅니다. 오로지 의사가 되겠다고 하던 아이가 어느 날 머리를 염색하고 집에 돌아와서는 말끝마다 연극 대사 같은 이야기만 할지도 모르고요. 그때가 되면, 사람은 본래 끊임없이 탐색하고 수정해

가며 사는 존재라는 것을 당신이 알았으면 합니다. 아이들 모두는 자신이 더 나은 사람이 되길 원하고 있다는 것과 부모에게 자랑스러운 존재가 되길 바라고 있다는 것만 믿어 주시면 됩니다. 우리가 할 수 있는 것은 함께 손을 잡고 아이들에게 든든한 언덕이 되어 주는 것입니다. 아이들이 안심하고 탐색할 수 있도록, 자신을 위해 최고의 결정을 할 수 있도록 말이죠.'

나는 '우리가 할 수 있는 것은 함께 손을 잡고 아이들에게 든든한 언덕이 되어 주는 것'이라는 말이 무척이나 좋았다. 부모님은 이미 우리에게 언덕이 되어 주었다. 우리 또한 부모님의 언덕이 되어 줄 수 있지 않을까?

'천하부모심天下父母心(자녀를 아끼고 사랑하는 이 세상 모든 부모의 마음을 의미한다-옮긴이)'이라는 말이 있다. 나는 '천하자녀심天下子女心'도 있다고 믿는다. 우리는 모두 가족의 영광이자 자랑이 되길 원한다. 그리고 우리가 집 밖에서 평안히 잘 지내고 있다는 것을 부모님이 알고 마음을 푹 놓았으면 한다. 나를 생각해 주는 주변 사람들과 자주 연락을 주고받으며, 가족애와 배려심을 유지해 나갔으면 한다. 그리고, 당신이 만약 혼자 타지에 있다면 부모님의 말씀을 잘 듣고 자기 몸을 잘 챙기기를 바란다.

행복은 고군분투와
함께 온다

결국 언젠가는 반드시 싸움에 나서야 한다.
중대한 고비의 순간에 편안한 마음과 집중력, 그리고 꽉 찬 믿음으로
당신의 능력을 끝까지 발휘할 수 있기를.

15세기, 이탈리아 토스카나 지역에서 무척이나 아름다운 대리석이 발굴되었다. 대리석은 거대하고 온전한 것 외에도 빛깔마저 유난히 하얗다. 많은 조각가들은 마음이 동했지만 곧 하나둘 물러났다. 자세히 살펴보니 외관은 너무나 아름다운데 안에는 흠이 적지 않았기 때문이다. 조각을 새기다가 돌이 완전히 갈라져 버릴까 봐 걱정이 되었던 것이다.

그리하여 이 대리석은 야외에서 10년이 넘게 방치된다. 젊은 예술가 한 명이 도전해 오기 전까지는. 이 젊은 예술가는 바로 미켈란젤

로다. 당시 그는 29세였다. 많은 예술가들은 그가 어리고 오만하며 주제 넘는다고 생각했다. 한쪽으로 멀찌감치 비켜서서 좋은 구경할 날을 기다리고 있었다.

미켈란젤로는 꼬박 2년을 이 돌에 온 정성을 쏟으며 함께 지냈다. 거의 강박에 가까울 정도로 집착했다. 눈뜨자마자 최대한 빨리 일을 시작하기 위해 잠을 잘 때도 신발을 신고 잤다. 작업실이 너무 작아 정원에서 조각해야 했는데 비가 와서 다 젖어도 흠뻑 젖은 몸으로 쉬지 않고 노력했다.

그가 작품 소재로 삼았던 것은 구약성서에서 가져온 '다윗과 골리앗'이었다. 이스라엘인과 블레셋 사람들이 전투를 벌이는데, 블레셋 군대가 골리앗이라는 이름의 성격 사납고 덩치 큰 군인을 내보낸다. 이스라엘의 군대는 어느 누구도 섣불리 골리앗에게 덤비지 못했다. 그것은 곧 죽음이나 다름없었기 때문이다. 이때 양치기 소년이 자진해서 나서는데 그가 바로 다윗이다. 다윗은 무기도, 갑옷도 없이 그야말로 맨주먹에 맨몸으로 나선다. 블레셋 사람들은 다윗을 보더니 미친 듯이 웃으며 골리앗이 이 소년의 가죽을 벗길 때만 기다린다.

전쟁에 나선 다윗은 기회가 한 번뿐이라는 것을 알았다. 유일하게 쓸 수 있는 무기는 끈 하나와 돌멩이 5개. 그는 돌을 끈에 매달아 빠르게 흔들다가 조준을 한 뒤 세게 무릿매를 던졌다. 그러자 돌은 골리앗의 이마를 정확히 명중하고 골리앗은 바닥에 쓰러진다. 다윗은 재빠르게 달려가 골리앗의 칼을 뽑은 뒤 그의 머리를 베어 버린다.

이에 사기가 진작된 이스라엘인들이 우르르 몰려들자 블레셋 사람들은 난리 통 속에 역전패를 당한다.

'다윗과 골리앗' 이야기에 담긴 정신은 피렌체 주민들의 사랑을 받았다. 그리하여 당대 예술가들의 작품 소재로 여러 번 활용되었다. 그러나 다윗은 매번 승리의 자태로만 표현이 되었다. 골리앗의 몸을 밟고 있거나 방금 막 내려친 머리를 높이 치켜들고 있는 모습 등이다. 하지만 미켈란젤로는 대담한 결정을 내린다. 다윗이 전쟁터로 막 나서서 돌을 던지려던 그때, 아직 승패를 알 수 없었던 그 순간을 표현하기로 한 것이다. 그리하여 이 작품에서는 승리 후의 자랑스러운 모습이 아니라 전쟁 전의 불안을 볼 수 있다.

신기한 건, 예전에 사진으로는 잘 보이지 않았던 불안한 감정이 피렌체 아카데미아 미술관에서 직접 보았을 때는 조각상의 디테일 속에서 매우 깊이 느껴졌다는 것이다.

미술관에 갔던 그날로 되돌아가 본다. 일행과 함께 전시실로 들어섰다. 긴 복도 깊숙한 곳, 다비드상이 둥근 돔 아래에 서있었다. 크기는 대략 5미터는 돼 보였고, 사방에서 조명이 그의 몸 위로 쏟아지고 있었다. 우뚝 서있는 다윗의 모습은 생명력이 넘쳐서 언제든 움직일 것만 같았다. 가까이 다가가서 보면 다윗의 눈빛이 무척이나 복잡하다는 걸 알 수 있다. 자신 있게 몰두하면서도 동시에 미간을 찌푸린 얼굴에서 불안한 감정이 보인다. 천천히 그의 옆을 돌면서 바라보면 자태가 사뭇 편안해 보인다. 그러나 돌을 쥐고 있는 손은 핏줄이 도드라져 있다. 긴장한 것이다.

마치 눈앞에서 생생한 이야기를 들려주듯 이렇게 조각의 각 부분마다 다른 감정을 담고 있는 작품은 흔치 않다. 하나의 조각상 위에 그렇게도 복잡한 심정들이 동시에 표현된 것을 보면 미켈란젤로의 다비드상이 '가장 고전적이며 불후의 조각품'으로 칭송받는 이유를 쉽게 이해할 수 있다.

다비드상을 보았을 때, 나는 스토리텔링의 원리 중 하나를 깊이 실감했다. 이야기에서 가장 중요한 부분은 무엇일까? 결말? 서두? 아니다. 결말 이전의 중대한 고비, 생사가 불확실하고 승패를 알 수 없는 바로 그 순간이 가장 긴장감이 넘치며 이야기 속에서 가장 강력한 에너지를 갖는다.

각자만의 싸움에 당당히 임하자

✦

내 삶을 돌이켜 본다. 지난 시절의 행복한 추억은 그 이전의 고군분투와 함께 온 것 아닐까? 되새겨 볼 만한 과거의 성공은 커다란 스트레스와 내면의 두려움에 맞서서 있는 힘을 다했기에 결국 얻을 수 있었던 것이 아닐까? 그 순간에야 물론 엔도르핀이 대량 분출되겠지만, 그 이전의 긴장감과 실패에 맞서는 위험이 없었다면 그 뒤의 성공이 그렇게까지 기쁠 수는 없었을 것이다.

편안한 마음과 집중력, 꽉 찬 믿음으로 나의 능력을 끝까지 발휘하는 것. 마치 신이 돕는 듯한 이런 느낌 역시 심리학자가 말하는 '최상의 상태Peak state'다. 이것이야말로 진정한 승리이자 우리가 계속 분발할 수 있도록 떠받쳐 주는 힘이다.

이제 기회는 당신의 눈앞에 있다. 전쟁터로 나가서 눈앞의 골리앗과 맞서겠는가? 아니면 물러나서 사격 연습을 계속하겠는가? 기다리는 건 가능하지만, 평생을 기다려 주진 못한다. 결국 언젠가는 반드시 싸움에 나서야 할 것이다. 중대한 고비의 순간에 다윗처럼 편안한 마음과 집중력, 그리고 꽉 찬 믿음으로 당신의 능력을 끝까지 발휘할 수 있기를 바란다.

출격에 몰두하고 있을 때, 당신을 지켜보는 사람이 당신에게서 승자의 자태를 미리 봐주기를 바란다.

어른을
위한

인생 수업

1판 1쇄 인쇄 2022년 3월 3일
1판 1쇄 발행 2022년 3월 16일

지은이 류쉬안
옮긴이 김소희

발행인 양원석 편집장 차선화 책임편집 김하영
디자인 김유진, 김미선 영업마케팅 윤우성, 박소정, 강효경, 김보미 해외저작권 함지영

펴낸 곳 ㈜알에이치코리아
주소 서울시 금천구 가산디지털2로 53, 20층 (가산동, 한라시그마밸리)
편집문의 02-6443-8893   도서문의 02-6443-8800
홈페이지 http://rhk.co.kr
등록 2004년 1월 15일 제2-3726호

ISBN 978-89-255-7865-1 (03190)